Christian Mürner

Verborgene Behinderungen

Christian Mürner

Verborgene Behinderungen

25 Porträts bekannter behinderter Persönlichkeiten

Luchterhand

Die Deutsche Bibliothek - CIP-Einheitsaufnahme

Mürner, Christian:
Verborgene Behinderungen : 25 Porträts bekannter behinderter Persönlichkeiten / Christian Mürner. – Neuwied ; Berlin : Luchterhand, 2000
ISBN 3-472-03970-1

Satz und Umschlaggestaltung: Wiesjahn Satz- und Druckservice, Berlin
Papier: Permaplan von Arjo Wiggins Spezialpapiere, Ettlingen
Druck, Bindung: H. Heenemann GmbH & Co, Berlin
Printed in Germany, April 2000

♾ Gedruckt auf säurefreiem, alterungsbeständigem und chlorfreiem Papier

Inhalt

Vorwort

Auf der Rückseite einer Informationsbroschüre der »Bundesanstalt für Arbeit über Behinderte im Beruf« ist ein Preisausschreiben abgedruckt. Mit der Aufforderung: »Herauszufinden sind die Namen behinderter Menschen, die Bedeutendes geleistet haben.«

Von sieben Persönlichkeiten wird ein knapper, auf die Vorgabe konzentrierter Lebenslauf geschildert. Daneben sind Porträtfotografien abgebildet. Erwähnt wird als Erster der schwer gehbehinderte Präsident der Vereinigten Staaten in den Dreißigerjahren. Dann ein großer Rockmusiker unserer Zeit, 1950 blind geboren, sowie der berühmteste antike blinde Sänger. An vierter Position liegt der körperbehinderte Kosmologe, der als Nachfolger Albert Einsteins gilt. Es folgen ein kleinwüchsiger französischer Plakatkünstler und der einäugige israelische General, für den die schwarze Augenklappe so etwas wie ein Markenzeichen gewesen sei. Zuletzt steht der Reichsritter, der im Krieg seine rechte Hand verlor und sie durch eine eiserne ersetzte.

Die zu ermittelnden Namen sind in vorbereitete Kästchen einzutragen. Eines davon an einer scheinbar willkürlichen Stelle ist jeweils gelb markiert. Franklin D. Roos***e***velt, Stevie ***W***onder, ***H***omer, Stephen Haw***k***ing, Henri de Toulouse-***L***autrec, ***M***oshe Dayan, Götz von Ber***l***ichingen. Werden die hervorgehobenen Buchstaben richtig zusammengestellt, ergibt sich das Lösungswort. Es entspricht zugleich dem Namen einer weiteren »behinderten bedeutenden Person«: *Wilhelm* (II.). Ich kann das Resultat verraten, weil der Wettbewerb verjährt ist. Zu gewinnen waren Bücher und CDs, die mit den gesuchten Personen zu tun hatten. Die Initiatoren glaubten, der Quiz sei nicht einfach. Wie groß oder gering die Beteiligung war, ist mir nicht bekannt.

Aber ist ein unterhaltendes Gewinnspiel aufgrund einer Beeinträchtigung anderer, wenn auch bekannter Persönlichkeiten, überhaupt angebracht? Wäre es nicht spannend, im Detail Bescheid zu wissen? Die Personen also nicht auf ihre Behinderungen zu reduzieren und beide dennoch so zu beachten, dass sie in ihrer Wechselseitigkeit in sozialen Situationen zum Ausdruck kommen?

In den Mittelpunkt meiner Mikro-Biografien rücke ich Umgangs- und

Lebensformen abseits der Norm. Es sind Porträts von Personen und Persönlichkeiten, deren Behinderungen beinahe verborgen bleiben oder nicht immer im Vordergrund stehen. Mit einer Sammlung von Nacherzählungen und Entwürfen von Menschen, von denen man auf Anhieb nicht ahnt, dass sie beeinträchtigt sind oder werden, lassen sich oft vernachlässigte Aspekte behandeln. Nicht nur einige Medien, auch Biografen und Kommentatoren neigen dazu, Extreme in die Öffentlichkeit zu zerren. Verklärung und Fremdbestimmung erschweren jedoch differenziertere Deutungen und Selbstdarstellungen.

Den Einwand, dass im Rahmen einer Lebensgeschichte die Gewichtung auf die Behinderung, auch wenn sie im sozialen Kontext gesehen wird, eine problematische Einschränkung sei, nehme ich ernst. Werden gerade in der Verdeutlichung Biografien auf Pathografien eingeengt? Unterliegt die Personalisierung als Allheilmittel nicht eher einer Begrenzung, obwohl sie offensiv angewandt etwas Provokantes annehmen kann?
»Behinderung ist nicht dasselbe wie ein behinderter Mensch«, stellt der behinderte Professor Günther Cloerkes lapidar in seiner »Soziologie der Behinderten« fest. Einer Behinderung werde als dauerhafter und sichtbarer Andersartigkeit im Allgemeinen ein negativer Wert zugeschrieben, während die soziale Reaktion auf einen Menschen mit einer Behinderung nicht zwingend negativ sei. »Man kann eher etwas ›Schlechtes‹ über eine Behinderung sagen als über einen behinderten Menschen«, schreibt Cloerkes. »Der einzelne Behinderte wird zudem positiver gesehen als seine Behindertengruppe.«
Behinderung lässt sich definieren als die Spannung zwischen individuellen Fähigkeiten und gesellschaftlichen Erwartungen. Die Relativität der Behinderung ist bedingt durch genormte Anforderungen. Nach Cloerkes »geht es um nichts weniger als den Unterschied zwischen der Einschätzung eines ›Sachverhalts‹ und der Einschätzung eines ›Menschen‹. Bei der Einschätzung eines Menschen ist eben nicht nur dessen körperlicher, geistiger oder psychischer Zustand von Bedeutung, sondern auch seine sozialen Beziehungen und vieles andere mehr.« In der neuen Terminologie, die von Leben mit Behinderung und Menschen mit einer Behinderung spricht, wird die modifizierende Abwägung berücksichtigt, sie wirkt aber durch die Form der Zufügung auch verobjektivierend und umständlich. Die Verdeutlichung der jeweiligen Perspektive kann aber bis zu einem gewissen Grad zur Verständigung beitragen, wenn das persönliche Befinden und die Beschreibung des Befunds in Gegensatz geraten. Cloerkes bevorzugt bewusst den Personalisierungseffekt, wenngleich er eine ihm folgende, mögliche Änderung der negativen Bewertung der Behinderung skeptisch beurteilt. Ebenso zurückhaltend interpretiert er die Effektivität von Informationsprogrammen in Bezug auf Verhaltens- oder Einstellungsänderungen von nichtbehinderten gegenüber behinderten

Menschen. Er befürchtet zudem, dass empirische Untersuchungen die realen Einstellungen verschönerten und die »Tendenz zu sozial erwünschter Selbstdarstellung« nicht reflektieren würden.
»Die Person des behinderten Menschen muss hervorgehoben werden und eine konsequente Abgrenzung sowohl gegenüber dem Merkmal ›Behinderung‹ als auch gegenüber der Behindertengruppe erfahren«, folgert Cloerkes. »Die Person sollte so dargestellt werden, dass man sich mit ihr (ungeachtet der Behinderung) identifizieren kann. Besonders geeignet sind auch prominente behinderte Persönlichkeiten mit beachtlicher Lebensleistung. Die Behinderung kann sachlich als eines von vielen Merkmalen des betreffenden Menschen angesprochen werden.«
Doch oft wird schnell die Schwelle überschritten, bei der ein Vorurteil oder eine Vorstellung, die man sich von einer Behinderung macht, als Bedrohung für Menschen mit Behinderungen erscheinen oder wirken kann. Die vorgeschlagene Differenzierung allein verhindert die abschätzige Übertragung wahrscheinlich nicht, bietet aber in einem Teilbereich einen pragmatischen und subjektbezogenen Ansatz.

Das Prinzip, jedes einzelne Porträt, jede einzelne Lebensbeschreibung und jeden Menschen mit seiner einzigartigen Behinderung für sich zu betrachten, mag enttäuschen –, weil es keine Gruppe oder kein Gattungsmerkmal repräsentiert. Dazu kommt noch das Motiv der verborgenen Behinderungen. Ist es nicht ausgesprochen paradox, den Umgang und das Leben mit einer Behinderung zu respektieren, die Behinderung allein aber zu verdammen? Ähnlich dem Satz, den der französische Schriftsteller und Ethnologe Michel Leiris in sein Tagebuch notierte: »Ich lege alles offen, doch bloß deshalb, damit ich besser verborgen bleibe.«
Es gibt gesellschaftliche Konventionen – manchmal an der Grenze der Nötigung –, die das Verbergen der Behinderung geradezu herausfordern. Wenn die Behinderung als feste normabweichende Größe etikettiert wird, rechtfertigt dies scheinbar wiederum isolierende Maßnahmen oder so genannte Schonräume. Das Bekenntnis zur Behinderung führt außerdem nicht automatisch zur Anerkennung. Zwar werden zunehmend behinderte Menschen gewürdigt und auch authentisch präsentiert, dennoch bleibt Behinderung negativ besetzt und die Selbstdarstellung die Ausnahme.
Wichtig wird die soziale Wahrnehmung, vor allem der nichtbehinderten Mehrheit. Welche Mechanismen werden in Gang gesetzt, wenn man auf das Phänomen Behinderung aufmerksam wird? Wie äußern sich die Verfahrensweisen bei Auffälligkeiten?
Cloerkes unterscheidet vier Abwehrmechanismen von nichtbehinderten Eltern im Zusammenhang der Annahme, Ablehnung oder Verarbeitung der Geburt eines behinderten Kindes. Zunächst die »Verleugnung« der Behinderung, also so zu tun, als ob es sie gar nicht gäbe, dies sei so häufig, dass man es als den »Normalfall« bezeichnen könne. Dann die

»Projektion« von Schuld auf die Partner, Ärzte oder äußeren Einflüsse. Drittens die »Intellektualisierung« der Behinderung, der Versuch der wissenschaftlichen Totalerfassung, wobei die Eigenkompetenz und -verantwortung verschwinden. Schließlich die »Sublimierung« der Behinderung, sie könne zu überzogenem Engagement und zum Funtionärswesen führen.
Zur Faszination des Außergewöhnlichen, vor allem zu den Auftritten behinderter Musiker, bemerkt der Psychologe Christian Kinzel, dass sie dem Publikum die Möglichkeit gäben, »Ängste zu kontrollieren«. Man nehme an einer Vorstellung teil und sehe »einen Menschen, der stellvertretend für einen selbst etwas Verwundbares« habe. Dabei würde man »mit Gefühlen konfrontiert, die wir normalerweise komplett abwehren«. Die Begeisterung für behinderte Künstler kann andererseits die Strategien der Vermarktung und den Voyeurismus nicht verdecken. Kinzel spricht von einer »Art primitiven Idealisierung« statt Integration und persönlicher Kontakte. Die Bühne könne die Schranken sogar verstärken, aber mit dem Applaus würde man sich entlasten.
Komplementär zum Verbergen und Bewundern verfährt das systematische Ignorieren und außer Acht lassen. Als ob Menschen mit Behinderungen ohne Biografie wären und keine Geschichte hätten. Das Leben mit einer Behinderung wird unter Umständen durch diese dominiert und eingeschränkt, aber die Lebensweise geht darüber hinaus.
Viele behinderte Menschen wurden versteckt, man sperrte sie in Heime ein, man schämte sich, sich mit ihnen in der Öffentlichkeit zu zeigen. Das Leben im Verborgenen, in Gefangenschaft und als Zumutung gebrandmarkt, geht nicht konform mit den Beweggründen der verborgenen Behinderungen. Letztere sind eher die »Bemühung von Seiten eines stigmatisierten Individuums, sich als eine gewöhnliche Person zu präsentieren, obschon sie dabei nicht notwendig ein Geheimnis aus ihren Fehlern macht«, wie der US-amerikanische Soziologe Erving Goffman schrieb. »Verbergen« hat hier die positive Bedeutung von »Etwas in Sicherheit bringen« oder »Auf etwas Acht geben«.
Behinderungen zu verheimlichen, kann eine Haltung oder Perspektive dokumentieren. Dennoch verweist ein verborgener Zustand genauso wenig auf eine ungebundene Sichtbarkeit wie auf eine unumstößliche Gewissheit. Auch wenn der Schweizer Schriftsteller Friedrich Glauser, jahrelang in psychiatrischen Einrichtungen interniert, in einem Brief bemerkt: »Selbst im verborgensten Gedankengang ist manchmal ein winziger Abschnitt, der leuchtet von einem Glanz, als werde er bestrahlt von jener Göttin, die wir, faute de mieux, die Wahrheit nennen.« Das versteckte Phänomen lässt sich in der entsprechenden Lebenssituation erfassen und begreifen, es ist Ausdruck einer unausweichlichen kulturellen Konstruktion, die allerdings eine direkte Verbindung zur Realität aufrecht erhält.

Der romantische Geschichtsroman »Der Glöckner von Notre Dame« des französischen Schriftstellers Victor Hugo beginnt mit einer »Orgie des schlechten Geschmacks«. Quasimodo, so heißt die Hauptfigur, also der »Beinahe-Mensch«, wird zum »Narrenpapst« gewählt. »Dabei erreichten Überraschung und Staunen ihren Höhepunkt, als man sah, dass es nicht nur eine für den Anlass gezogene Grimasse, sondern das wirkliche natürliche Gesicht des Erwählten war. Und seine wirkliche und natürliche ganze Person.« Am »Teufelskerl« Quasimodo kleben die Attribute »bucklig, krummbeinig, einäugig, taub, finster«.
Heinrich Heine schildert in seinen Pariser Berichten, dass er sehr erstaunt gewesen sei, in Victor Hugo »einen Mann zu finden, der nicht mit einem Höcker behaftet sei«. Auf den Autor hat er das Äußere einer seiner Romangestalten übertragen. Doch eines Tages trifft Heine Hugos Verleger, der ihm »nach vielem Drängen« erzählte, »er habe eines Morgens Herrn Hugo in dem Moment überrascht, wo er das Hemd wechselte, und da habe er bemerkt, dass eine seiner Hüften, ich glaube die rechte, so misswüchsig hervortretend sei, wie man es bei Leuten findet, von denen das Volk zu sagen pflegt, sie hätten einen Buckel, nur wisse man nicht, wo er sitze. Das Volk in seiner scharfsinnigen Naivität nennt solche Leute auch verfehlte Bucklichte, falsche Buckelmenschen, so wie es die Albinos weiße Mohren nennt. Es ist bedeutsam, dass es eben der Verleger des Dichters war, dem jene Difformität nicht verborgen blieb.« Heine ergötzt sich daran, wie er erwähnt, dass der Verleger ihm die Idee der Identifizierung des Schriftstellers mit einer seiner erfundenen Figuren bestätigt. Sein Beispiel nimmt er zudem zum Anlass, das Verhältnis von Körper und Geist zu problematisieren.
Biografien orientieren sich am realen Leben, aber das was man von der Person oder Persönlichkeit weiß, erfährt man selten von ihr selbst, sondern durch Fremdbilder und -berichte, durch Bücher, Zeitungsartikel oder Fernsehsendungen. Die Medienwirklichkeit und das Vorverständnis haben einen wesentlichen Anteil an den veröffentlichten Lebensläufen. »Andererseits wissen wir so viel über die Massenmedien, dass wir diesen Quellen nicht trauen können«, schreibt der Soziologe Niklas Luhmann. Die entscheidende Frage laute, nach welchen Kriterien die Medien Realität konstruierten. Und nicht, wie sie sie verzerrten, denn dabei würde man eine scheinbar von uns unabhängige Lebenswelt voraussetzen. Das bedeutet: »Das Interesse an Personen ... diene der Gesellschaft als greifbare Symbole für eine unbekannte Zukunft.«

Behinderung und Berühmtheit bilden einen Kontrast, den die Medien sich zu Nutze machen. Das Verlangen nach Sensationen wird gleichzeitig produziert wie befriedigt. Die Bloßstellung der Behinderung geht im »Edelstigma« oder im propagierten Glanz der prominenten behinderten Einzelpersonen unter. Ähnlich sublimierend verfahren die aktuellen hu-

mangenetischen Analysen, eines Haares von Beethoven beispielsweise. An der selektiven Pränataldiagnostik wurde kritisiert, dass sie die Biografie auf ein Leiden und nicht auf die Fähigkeiten ausrichtet oder dass sie die Geburt von »Genies« verhindert, Toulouse-Lautrec zum Beispiel wäre abgetrieben worden.
»›Genie‹ und ›Missgestalt‹ sind zwei vulkanische Erhebungen, die wir nachhaltig erst wahrnehmen, wenn Publicity oder Ruhm ihre Konturen verdeutlicht.« Mit diesem Satz beginnt Eugen Skasa-Weiß eine Porträtreihe behinderter Persönlichkeiten, die er zusammen mit Carl Amery und Anton Sailer herausgab.
Schon am Ende des 19. Jahrhunderts und in den Zwanzigerjahren des 20. Jahrhunderts ist mit berühmten behinderten Menschen argumentiert worden, um den Rassenfanatikern und den Menschenzüchtern zu widersprechen. Aber die Attribuierung »berühmt« bleibt problematisch, weil sie beinhalten kann, dass das Vorgehen bei allen anderen angemessen wäre. Da unterstellt wird, dass prominente Menschen mit Behinderungen Leistungen erbringen, wie sie sonst niemand erwartet, begibt man sich aufs Feld des sozialen Vergleichs, das zu vermeiden man mit der Bewunderung vorgibt.
Möglicherweise ist dieser fatale Verlauf eine Erklärung dafür, dass im Umkreis der Berühmtheit die Behinderung oft verborgen wird. Es scheint, als ob bei Bekanntwerden die Behinderung eine Berühmtheit blamiert. Namenlose Bettler dagegen verbergen ihre Behinderungen nicht, manchmal täuschen sie sogar welche vor – um Mitleid, eine Spende und Aufsehen zu erreichen, was geschichtlich zu einigen Erzählungen Anlass gab. Doch der Grad der Berühmtheit kann die Behinderung gewissermaßen zum Verschwinden bringen, weil zunehmend nicht nur sie beachtet oder die öffentliche Bekanntheit wie selbstverständlich mit »nicht behindert«, »normal«, verknüpft wird. Allerdings gleicht diese Art der verborgenen Behinderung der Wortkombination »seine Behinderung überwinden«. Die Beherrschung der Behinderung wird hier meistens durch die Ansichten einer angeblich unumgänglichen Normalisierung dominiert. So kommentierte vor kurzem eine Wochenzeitung ein Buch des blinden englischen Bildungsministers David Blunkett wie folgt: »Es ist die Autobiografie eines Blinden, der mit eisener Selbstdisziplin seine Behinderung überwindet.« Lebensläufe behinderter Menschen geraten durch diesen rezeptionsästhetischen Horizont unumwunden zu vorbildlichen Biografien, in denen eine »Person den Sachzwängen trotzt«. Überhöhung und Unsicherheit unterschätzen Menschen mit Behinderungen als »Trotzdem-Menschen«.

Es fällt natürlich auf, dass in der vorliegenden Sammlung viele bemerkenswerte behinderte Menschen fehlen, zum Beispiel: der hinkende Talleyrand, in dem man den Teufel personifiziert sah; der von Lowis Co-

rinth porträtierte Eduard Graf von Keyserlin, dessen Hässlichkeit als legendär gilt; der stotternde Schriftsteller Somerset Maugham; der ehemalige kleinwüchsige Arbeitsminister Clintons, Robert B. Reich; der blinde Fotograf Evgen Bavcar; der in Folge eines Reitunfalls querschnittsgelähmte Hollywood-Schauspieler Christopher Reeve oder unter einigen anderen auch die blinde Schlagersängerin Corinna May, die Deutschland am Grand Prix Eurovision vertreten wollte, in der Hoffnung: »Vielleicht mache ich so anderen Behinderten Mut, ihre Talente zu nutzen.«
Ausgeklammert bleiben auch die klassischen Texte oder Lebensbeschreibungen behinderter Autorinnen und Autoren, von denen man vielleicht sagen kann (sicher ist das nicht), dass sie als »Behinderte« bekannt geworden sind: Helen Keller, Carl Hermann Unthan, Jacques Lusseyran, Christy Brown, Christa Schlett, Laurent Clerc, Louis Braille, Otto Perl sowie weitere zeitgenössische selbstbewusste Frauen und Männer, Schriftsteller, Dichter, Journalisten, Schauspieler, Wissenschaftler, Künstler, Richter, Unternehmer, Politiker oder Sportler.
Wenn Menschen mit Behinderungen in den Medien Aufmerksamkeit finden, scheint es nach wie vor beinahe unmöglich, dass sie Parlamentsmitglieder oder Hotelangestellte sein können – die Behinderung allein fungiert oft als Berufsbezeichnung. Dies weist womöglich auf eine potenzielle Alibi-Funktion der Porträtierung hin, auf einen Austausch von Personenkult und Stellvertretermotiven.
Offenkundig ist schließlich die Überrepräsentation behinderter Männer, behinderte Frauen leben noch mehr im Verborgenen.

Die Zahl der Biografien und Autobiografien behinderter Menschen ist in den letzten dreißig Jahren erheblich angestiegen. Eine quantitative, empirische Untersuchung aber versagt »bei der individuellen Geschichte, obwohl es ihr gelingen mag zu erkennen, was zwanzig Vorgeschichten gemeinsam haben«, wie der Neurologe Gerald M. Edelman im Zusammenhang von wissenschaftlichen und persönlich gefärbten Darstellungen schreibt. »Romantische Wissenschaft« nennen die Neurologen Alexander R. Lurija und Oliver Sacks das qualitativ orientierte Engagement, das vielschichtige Lebensbeschreibungen anstrebt.
Meine chronologisch angeordnete Abfolge von Einzelbiografien lässt sich nicht vereinheitlichen, ihre Besonderheiten nicht verallgemeinern, auch wenn ich eine Tendenz der verborgenen Behinderungen postuliere. Es ergibt sich keine Gesamtsicht, keine Moral, kein Leitbild für eine Musterbiografie oder einen erhabenen Lebensstil. Im Kleinen, im Detail, in den individuellen Erzählungen treten jedoch ein paar bedeutende Anhaltspunkte oder Perspektiven hervor, wie Blitzlichter. Sie resultieren aus mikrologischen Konstellationen, Anekdoten, Fragmenten, Sätzen, Situationen, Selbstinszenierungen.
Das assoziative Vorgehen versucht die Vorbehalte mit zu reflektieren,

die Eigenschaftszuschreibungen, die Aufteilung in Behinderungsarten und den Zeitpunkt der Behinderung von Geburt an oder später zu problematisieren sowie neben dem Bekannten das Alltägliche nicht zu vergessen. Das thematische Konzept, der einzelnen Nacherzählungen wie der mikroethischen Anmerkungen, ist zugeschnitten auf die Initiierung von Auseinandersetzungen, die sich der Gewichtungen und gewisser ergänzungsbedürftiger Gesichtspunkte bewusst sind oder werden.
Porträts brauchen »Partnerschaft«, sagt der Schriftsteller Franz Fühmann. Porträtieren heiße, sich der »Mithilfe des Aufzunehmenden versichern«, neben dem Objekt das Subjekt zu berücksichtigen. Die Identifizierung schließt allerdings die Ambivalenz von Distanz und Nähe mit ein. Die Sympathie versteht die soziale Kategorisierung der Behinderung als einen Teil (unter anderen Merkmalen) der Person, sie totalisiert nicht. Aber was geschieht bei der Antipathie? Wie die »bionegativen Berühmtheiten«, wie sie Skasa-Weiß nennt, porträtieren? Also Goebbels, Wilhelm II. oder den Marschall Heinrich von Luxemburg? Alle drei seien, notiert Skasa-Weiß, »wechselnd umflammt von Ruhm und Verruf, sehr sichtbar und sehr bestrebt, ihre Gebrechen mit übersteigerten Anstrengungen aus der Welt zu schaffen. Unverkennbar waren der Luxemburger und Goebbels bereit, mit ihren Überkompensationen in die Reichweite der Hölle zu gelangen ... Der Luxemburger, Wilhelm II., Goebbels, Talleyrand, Somerset Maugham standen sichtbar für alle Welt auf einem Platz, der von bemerkenswerten Echoräumen umgeben war. Auf diesen erhöhten Platz hatten sie sich hinanbemüht, um ihre Deformation vor sich und der Welt brillant zu überspielen.«

Nicht die Bewertung der Behinderung, sondern die Akzeptanz der Menschen mit einer Behinderung und die Bereitschaft zur Auseinandersetzung in den Mittelpunkt zu rücken, geht über ein naives Negativ-Positiv-Schema und vorgegebene Rollen hinaus. Die konkreten Lebensgeschichten selbst geben Auskunft über den Zusammenhang der Rezeption und Umgangsweise. Wie Biografie und Behinderung sich ergänzen, welchen Anteil die Behinderung an der Biografie zum Ausdruck bringt, welche Bedeutung sie für eine (selbst-)bestimmte Lebensform erhält. Eine Biografie wird allerdings nicht allein durch eine Behinderung erzeugt. Verborgene Behinderungen stehen auch in Verbindung mit »gebrochenen«, offenen Biografien.
In einem lokalen Lexikon habe ich gelesen: »Denner, Balthasar (geboren am 15. 11. 1685 Hamburg, gestorben 14. 4. 1749 Rostock), Bildnismaler, Radierer. D. stammte aus einer nach Hamburg zugewanderten Mennonitenfamilie. Der als Folge eines Sturzes schon als Kind Gelähmte wandte sich früh der Malerei zu. An der Berliner Akademie erfuhr er seine Ausbildung und spezialisierte sich auf die Bildnismalerei. Wegen der sehr naturgetreu ausgeführten Werke wurde er mitunter als »Poren-

Denner« bezeichnet. Da seine Porträts außerordentlich geschätzt waren, reiste er in ganz Europa zu den verschiedensten Auftraggebern, zumeist an Fürstenhöfe. In Hamburg lebte er nur vorübergehend. Die Hamburger Kunsthalle besitzt eine Anzahl seiner Werke.« Wie sehen diese Porträts aus, frage ich mich, kann man an ihnen eine besondere Perspektive erkennen, saß Denner wie August Renoir in einem Rollstuhl, wussten die Auftraggeber von seiner Behinderung oder haben sie ihn unabhängig davon eingeladen? Es gibt viele dieser mikrologischen Geschichten, undramatischen Ereignisse, kreativen Perspektiven und unbeantworteten Fragen, sie werden oft übergangen, nur zufällig entdeckt, kaum ausgeführt und weiterverfolgt.

Aber Adolph Freiherr von Knigge, der populäre Aufklärer und Verfasser des Buches »Über den Umgang mit Menschen«, erwog in seinem »Roman meines Lebens«: »Kann den Menschen etwas näher angehen als eine mit Treue und Beobachtungsgeist geschriebene Lebensgeschichte eines anderen, auch noch so geringen Menschen?«

Eine langjährige moderne Kolumne in einer Zeitungsbeilage fragte wöchentlich: »Wer war's?« Die Antwort folgte jeweils im nächsten Heft. Einmal war's der »mit Fünfzig völlig taube« tschechische Komponist Bedrich (Friedrich) Smetana. Unter der Überschrift »Taub, geschlechtskrank und irr« wurde er wie folgt vorgestellt: Da seine Werke bis heute beliebt seien, kenne man seinen Namen, »im Unterschied zu seinem Leben«, das ihm zwar »Ruhm und Ansehen, aber auch harte Schicksalsschläge« gebracht habe. Er war in Göteborg und Mitte zwanzig als seine Frau starb, zuvor verlor er schon seine vier Töchter. Wieder zurück in seinem Heimatland, stellte er fest, dass sein Hörvermögen immer schlechter wurde, wartete aber ab. Doch dann suchte er Spezialisten in Würzburg und Wien auf, die seine Hoffnung auf Heilung nicht erfüllen konnten. Zudem litt er an Syphilis und unternahm erneut ohne Erfolg die damals übliche »Schmierkur«. Er arbeitete an seinen Kompositionen weiter, doch registrierte er einen »wachsenden Gedächtnisverlust« und hörte Stimmen. Wegen den Wahnvorstellungen wurde er kurz vor seinem Tod in die »Landesirrenanstalt seines Geburtsortes« eingeliefert.

Im Medienzeitalter steht die konventionell pointierte Vermarktung der Person, mythisch ausgedrückt, des Schicksals, an erster Stelle. Dennoch, mit einem einmal vom Soziologen Oskar Negt formulierten Motto: »Nichts ist überzeugender als eine Lebensgeschichte.«

Literatur

CLOERKES, Günther: Soziologie der Behinderten. Heidelberg 1997
EDELMAN, Gerald M.: Göttliche Luft, vernichtendes Feuer. München 1995
FÜHMANN, Franz/RIEMANN, Dietmar: Was für eine Insel in was für einem Meer. Rostock 1985
GLAUSER, Friedrich: Brief an Martha Ringier, 2. März 1936, zitiert in: Der letzte Kontinent, Bericht einer Reise zwischen Kunst und Wahn, herausgegeben von BERETTI, Michel/HEUSSER, Armin. Zürich 1997
GOFFMAN, Erving: Stigma. Frankfurt a. M. 1975
HEINE, Heinrich: Lutetia (1854). In: Sämtliche Werke Band 5, herausgegeben von BRIEGLEB, Klaus. München 1997
HUGO, Victor: Der Glöckner von Notre Dame (1871). München 1966
KNIGGE, Adolph Freiherr von: Über den Umgang mit Menschen (1788), herausgegeben von UEDING, Gert. Frankfurt a.M. 1977
KINZEL, Christian: Tränen für Bocelli, und die Oma kommt ins Heim. Über die Faszination von Idolen, die mit einem Handicap leben müssen. Interview in der Süddeutschen Zeitung 9./10. August 1997, S. 15
LEIRIS, Michel: Tagebücher 1922-1989. Graz 1996
LUHMANN, Niklas: Die Realität der Massenmedien. Opladen 1996
LURIJA, Alexander R.: Romantische Wissenschaft. Reinbek bei Hamburg 1993
MÜRNER, Christian: Behinderung als Metapher. Bern 1990
NEGT, Oskar: Unbotmäßige Zeitgenossen. Frankfurt a.M. 1994
SACKS, Oliver: Der Mann, der seine Frau mit einem Hut verwechselte. Reinbek bei Hamburg 1987
SKASA-WEIß, Eugen/AMERY, Carl/SAILER, Anton: Gott hat mich benachteiligt. Bergisch Gladbach 1967

1

Der von der Natur nicht vollendete Kaiser und Gott

Das Auffallendste am reliefartigen Porträt im Profil ist der lange Hals. Er ist so markant – verbunden mit dem muskulösen Nacken –, dass er den Kopf in eine Hälfte der Münze verbannt. Deren Rundung hat sich sozusagen die Kopfform anzupassen, diese wird aufgrund der unregelmäßigen Schrift am Rand ein wenig abgeflacht. Dadurch wird der Kopf verkleinert, im Gegenzug das Ohr vergrößert, das fast ins Zentrum der Münze rückt. Dennoch gibt die Kopfhaltung einen gewissen Stolz kund, der Blick und das kleine, kurze Kinn sind nach oben gerichtet, der Mund wirkt so entschlossen wie die große Nase – einen guten Riecher haben, sagt man.

Ganz anders deutet ein bekannter Archäologe ein ähnliches Porträt: »Nase, Mund und Kinn hängen, als fielen sie ab, und das dekadente Ohr mit der übergroßen Muschel ist wie ein Loch, durch das der Lärm der Welt in diese schwache Festung einfällt.« Die Kopfhaltung wirke durch den langen Hals steif. Die Augen besäßen nicht den »Willen zur Vermählung«, sondern würden nur glotzen als erlebten sie nur »Qualvolles«. Der geschlossene Mund »mit der trotzig aufgeworfenen Lippe« werde stottern, »sobald er sich öffnet«. Die Nase sei zu schwach, »um zu führen«; »das energielos schmollende Kinn« ziehe sich zurück, »als wollte es sich schutzsuchend am Busen der Mutter verkriechen«. Kurz, der physiognomierende Archäologe behauptet, das Porträt habe gar kein Profil: »Der Idiot ist ein diffuser Charakter, der vor lauter inneren Hemmungen zu keiner Einheit gelangen kann und in dem ein Wesenszug den anderen hindert.«

Die Münze, die wie eine Medaille oder Plakette zur populären und weit verbreiteten Kleinkunst gehört, würde ihren Sinn, der Imagepflege zu dienen, somit verfehlen, vielmehr verhängnisvoll im Gedächtnis bleiben. Dies, obwohl die Römer durchaus schon Porträts bevorzugten, auf denen Runzeln, Warzen oder Narben zu erkennen waren. Damit wird Erfahrung neben Idealisierung gestellt und die Frage offen gelassen, was auch der Archäologe eingesteht, »wie die Römer überhaupt wirklich ausgesehen haben«. Auf der erwähnten Münze sind die unterstellten Behinderungen nicht dokumentiert, verbirgt sie sie – die berühmten zwei Seiten

einer Medaille –, oder sind sie nicht vorhanden und werden durch Vorurteile ständig wiederholt?

»Ich, Tiberius Claudius Drusus Nero Germanicus und so weiter – denn ich will nicht durch die Aufzählung meiner Titel ermüden –, der ich vor noch nicht langer Zeit bei meinen Freunden und Verwandten und Mitarbeitern bekannt war als ›Claudius der Idiot‹ oder ›Claudius der Stotterer‹ oder ›Clau-Clau-Claudius‹ oder bestenfalls noch als ›der gute Onkel Claudius‹, habe mich entschlossen, die seltsame Geschichte meines Lebens zu schreiben.« So beginnt ein englischer Schriftsteller eine bis heute in mehreren Sprachen immer wieder aufgelegte fiktive Autobiografie, aus der ich im Folgenden zitiere. Der Schriftsteller schlüpft in die Rolle des römischen Historikers und Kaisers Claudius (10 v. Chr. – 54 n. Chr.). Die Werke des Historikers Claudius sind nicht erhalten, es gibt aber Berichte darüber, er habe unter anderem eine Geschichte der Etrusker verfasst.
Claudius hat zwei ältere Geschwister. »Beide hatten die prachtvolle Gesundheit meines Vaters geerbt. Ich leider nicht.« Claudius ist oft krank und der Schriftsteller lässt ihn sagen, dass er vielleicht nur deswegen am Leben geblieben sei, »weil die Krankheiten sich untereinander nicht einigen konnten, welche von ihnen die Ehre davontragen sollte, mich zur Strecke zu bringen«. Claudius kommt zu früh zur Welt, von der Ammenmilch bekommt er einen Ausschlag, er hat Malaria, dann die Masern, deren Folge Schwerhörigkeit auf einem Ohr ist. Weiter werden als Krankheiten Scharlach und Gelenkrheumatismus erwähnt, »schließlich eine Lähmung, wodurch mein linkes Bein im Wachstum behindert wurde und ich für alle Zeit zum Hinken verurteilt wurde«. Seinen Vater verliert er früh, seine Mutter Antonia liebt ihn nicht, sie sieht in ihm ein »wandelndes böses Omen«. Doch sein Bruder Germanicus empfindet Mitleid mit ihm. »Strenge mache mich ängstlich, pflegte er zu sagen, und mache mich außerdem unnötig krank. Und er hatte ganz Recht. Das nervöse Zucken meiner Hände, das plötzliche Schütteln meines Kopfes, mein Stottern, meine schlechte Verdauung, das unausgesetzte Tropfen aus meinem Mund hatten ihren hauptsächlichen Grund in den Härten, denen ich, im Namen der Erziehung, unterworfen wurde.« Seine Charakterisierung führt hin bis zur Selbstbezichtigung: »Ich muss in der Tat ein sehr klägliches Mons-

trum gewesen sein, eine Schande für einen so starken und herrlichen Vater und eine so edle und stattliche Mutter.«
Seine Mutter hüllt ihn als Kind in der Öffentlichkeit in eine Kapuze. Von der Knabenschule wird Claudius aufgrund seiner körperlichen Schwäche ausgeschlossen, er erhält einen Privatlehrer, Athenodorus. »Er pflegte mich zu ermutigen, indem er sagte, die Lahmheit des Beines solle ein Ansporn für die Schnelligkeit des Gehirns sein, Vulkan, der Gott aller klugen Handarbeiter, sei auch lahm. Und wenn ich vor meinem Stottern Furcht habe, so solle ich mich daran erinnern, dass Demosthenes, der größte Redner aller Zeiten, mit einem Zungenfehler geboren wurde, aber dass er sich durch Geduld und Willenskraft geheilt hatte.« Durch die Unterstützung des Bruders und des alten Lehrers nimmt Claudius' Selbstvertrauen zu.
Doch dann wird ihm im Jugendalter vom Familienrat eine Frau zugeteilt, ein »weiblicher Herkules«, Urgulanilla. Und Livia, seine Großmutter, verbreitet, dass aus der Ehe »möglicherweise gleich ihm eine Missgeburt« hervorgehen werde –, Livia hasst wie ihr Mann Augustus »alles, was irgendwie verunstaltet war«. Zudem stirbt sein geliebter Bruder »unter rätselhaften Umständen«. Claudius zieht sich zurück und widmet sich der Geschichtsschreibung, in den sybillinischen Büchern entdeckt er sein eigenes Schicksal. Seine zweite Ehe mit Aelia dauert nur kurz.
Livia ruft ihn an ihr Totenbett, der von ihr bevorzugte Neffe Caligula hatte sie ausgelacht, Claudius spendet ihr Trost und begleitet sie im Sterben, sie erkennt ihren Irrtum, ihn »für einen Toren gehalten« zu haben. Nach Augustus regierte Tiberius, dessen Ermordung Caligula nun in Auftrag gibt, um selbst Kaiser zu werden. Claudius wird zum Consul berufen, was er wegen den voraussehbaren Schwierigkeiten mit Caligula gerne abgelehnt hätte. Doch Caligula wird krank, er leidet zunehmend unter Wahnvorstellungen. Aufgrund seiner prunkvollen Inszenierungen lässt sich das Volk täuschen, seine nähere Umgebung ist jedoch seinen psychopathologischen Launen ausgesetzt. Auf einer Rhonebrücke hält Caligula Zwiesprache mit einem Flussgott, als Claudius dazukommt, stößt er ihn unmotiviert ins Wasser. »So schwach meine Beine sind, so stark sind meine Arme, und ich konnte mich retten. Als ich kurz darauf, hinkend, durchnässt und schlammbedeckt, vor Caligula auftauchte, schien er sich des ganzen Vorfalls nicht mehr zu erinnern ...« Caligula wird von Verschwörern ermordet und Claudius, in Ermangelung eines Besseren, wie es heißt, zum Kaiser ausgerufen. Auch er selbst sträubt sich, fragt sich aber dann: »Warum soll ich nicht Kaiser werden? Dann kann ich die Leute wenigstens zwingen, meine Bücher zu lesen! Und zu allen Geheimakten werde ich Zutritt haben – welch herrliches Schicksal für einen Historiker!«
Claudius' Eitelkeit ist geschmeichelt, als er die erste Münze mit seinem Porträt sieht, auch wenn ihm der kleine Kopf auf dem langen Hals mit

dem hervorstehenden Adamsapfel nicht sonderlich gefällt. Claudius wird schnell populär, obwohl es zuerst spöttisch hieß, dass ein »Schwachsinniger« einen »Geisteskranken« auf dem Thron abgelöst habe. Er reformiert die Verwaltung des römischen Reiches, initiiert eine Art soziale Fürsorge und fordert Toleranz gegenüber den Juden. Er gilt als einer der »geschicktesten Herrscher«, entgegen den häufig ungerechten und falschen Darstellungen in den Geschichtsbüchern. Seine »so genannte Stumpfsinnigkeit« wird dennoch oft mit seinem »feinen Humor« verwechselt.
Claudius feiert einen militärischen Sieg als Feldherr gegen Britannien, wo er später als Gott verehrt wird. Einem Festzug, der darauf ausgerichtet wird, folgt einer alten Sitte gemäß ein »Triumphzug der Lächerlichkeit«. Baba, ein Spaßmacher aus Alexandria, karikiert Claudius, er »mimte unermüdlich meine nervösen Zuckungen« und wird umrahmt von Gefangenen mit »allen Missbildungen, die Rom hergab«.
Andererseits fördert Claudius' Aufrichtigkeit und Gutmütigkeit Intrigen. Seine geliebte dritte Frau Messalina hintergeht ihn schamlos, seine »Ahnungslosigkeit zu zerstören«, kostet seine Freunde viel Mühe. Wenn er nicht selbst handle, sagt man ihm, werde er umgebracht. Sein Vertrauen in die Welt und die Menschen ist schwer erschüttert. Schließlich lässt er Messalina mit eindeutiger Aufforderung einen Dolch überbringen.
Claudius' »Energie war verbraucht«. Seine letzte Ehe geht er mit Agrippinilla ein, der Tochter seines Bruders. Nero wird geboren, den er von Seneca erziehen lässt. »Nero hatte stets Angst vor seiner Mutter. Er gehorchte ihr wie ein Hund, und sie behandelte ihn mit großer Strenge. Sie weiß schon jetzt, dass sie nach meinem Tod durch ihn regieren wird, genau wie Livia durch Augustus und später noch durch Tiberius regiert hat. Allerdings war ihr verschwiegen worden, was nur ich wusste: Bei der Geburt Neros hatte der Astrologe Barbillus prophezeit, dass dieses Kind seine Mutter töten werde. Und Barbillus irrte sich nie.« Zuvor aber mischt Agrippinilla dem Pilzgericht, das Claudius besonders gern aß, Gift bei.

Nach Ansicht eines tschechischen Neurologen ist Claudius »der erste bekannte Fall von zerebraler Kinderlähmung in der Geschichte«. Die Verhaltensweisen von Claudius ließen sich am ehesten mit einem »zerstreuten Professor« vergleichen. Das Gerücht seiner Beschränktheit hätten seine Mutter Antonia und sein Neffe Caligula in Umlauf gebracht. Die Mutter soll gesagt haben, er sei »ein Missgebilde, von der Natur nur angefangen, nicht vollendet«.
Es stehe fest, notiert der Neurologe, dass Claudius von Geburt an krank sei, dass er schlecht spreche und laufe, mit dem linken Bein hinke, und dass er eine Reihe unwillkürlicher Ticks habe: »Die Symptome verschlimmern sich nicht, bleiben jedoch unveränderlich.« Sein Äußeres weicht von den römisch typisierten Erwartungen stark ab, deshalb hält man ihn

für »debil«, aber: »Das geistige Vermögen solcher Menschen kann von vielen völlig falsch eingeschätzt werden.« Sein Stottern lasse sich im Übrigen als einfache Sprachstörung erklären, die aufgrund seiner unbestreitbaren Beschwerden als »unzureichende Atemökonomie« entstanden sei.

Anmerkung

Der bekannte Archäologe ist Ludwig Curtius, der 1931 einen Vortrag zur »Physiognomik des römischen Porträts« in Rom hielt (in ders.: »Torso«, Stuttgart 1957). »Ich, Claudius, Kaiser und Gott« ist der Titel der gekürzten deutschen Fassung der fiktiven Autobiografie des englischen Schriftstellers Robert von Ranke Graves (München 1995, in der Übersetzung von Hans Rothe). Der tschechische Neurologe heißt Ivan Lesny: »Die Krankheit der Mächtigen«. Berlin 1991.

2

Der hinkende Herzog

Der Schauspieler hinkt aus der Tiefe bis zum Bühnenrand vor, zeigt wortlos seinen linken Unterarm und die Hand mit dem schwarzen Handschuh, dann sein linkes Bein mit einem besonderen dunklen Schuh. Mit einem Seitenblick und einer leichten Drehung macht er das Publikum auf seinen Buckel aufmerksam.
Am rechten Bühnenrand lässt er sich langsam, mit dem Buckel-Rücken an einem Brett herunterrutschend, nieder. Er spricht:
»Ich, um dies schöne Ebenmaß verkürzt,
Von der Natur um Bildung* falsch betrogen,
Entstellt, verwahrlost, vor der Zeit gesandt
In diese Welt des Atmens, halb kaum fertig
Gemacht, und zwar so lahm und ungeziemend,
Dass Hunde bellen, hink ich wo vorbei;
Ich nun, in dieser schlaffen Friedenszeit,
Weiß keine Lust, die Zeit mir zu vertreiben,
Als meinen Schatten in der Sonne spähn
Und meine eigne Missgestalt erörtern;
Und darum, weil ich nicht als ein Verliebter
Kann kürzen diese fein beredten Tage,
Bin ich gewillt, ein Bösewicht zu werden
Und feind den eitlen Freuden dieser Tage.«

Dies ist ein Teil der Selbstdarstellung des Herzogs von Gloster oder Gloucester, dem späteren Richard III., der, wie nicht nur diese erste Szene suggeriert, seine Behinderung als Machtmittel zur Vergeltung einsetzt. Es ist allerdings die Frage, ob die Figur dem wirklichen Herzog entspricht, der »absolut negativen Gestalt, mit der Generationen von Schauspielern erfolgreich ihre Kunst« demonstrieren, wie man sagt. Doch die Vorlage zu diesem Monolog aus dem Theaterstück »Richard III.« des berühmtesten britischen Dichters und Dramatikers stammt von einem nicht weni-

* im Sinne von »körperliche Gestalt« (feature)

ger berühmten Philosophen. Dieser überlieferte 1513 von Richard III. (1452-1485) folgende Geschichte:
»Er war klein von Gestalt, mit ungestalteten Gliedern, bucklig, die linke Schulter viel höher als die rechte, und hatte ein hässliches Gesicht. Er war boshaft, grimmig, neidisch und aus der Zeit vor seiner Geburt immer mürrisch. Es wird als wahr berichtet, dass seine Mutter, die Herzogin, es bei seiner Geburt so schwer hatte, dass sie aufgeschnitten werden musste, um von ihm entbunden zu werden, und dass er mit den Füßen voran zur Welt kam ... und (wie das Gerücht geht) auch nicht ohne Zähne. Er war verschlossen und verschwiegen, ein großer Heuchler, hatte keine Gemütsruhe und war anmaßend. Äußerlich war er freundlich, wo er hasste, ja, er küsste sogar den, den er töten wollte: erbarmungslos und grausam, nicht immer aus bösem Willen, sondern entweder aus Begierde oder wegen der Sicherheit oder Vermehrung seines Vermögens.«
Es gibt Biografien, die ausdrücklich bezweifeln, dass Richard III. bucklig und bösartig war, andere behandeln die Behinderung und Überlieferung nur am Rande und als irrelevant. Dennoch war er als Kind offenbar ungewöhnlich klein und schwächlich, im Gegensatz zu seinen zahlreichen Geschwistern, die groß, stark, schön und gesund gewesen sein sollen. Als Antwort auf die Frage nach Richards Gesundheitszustand habe man geantwortet: »Er lebt noch.«
Der einmal dramatisch in die Welt gesetzte schlechte Ruf Richards ließ wiederum den Interpreten keine Ruhe. Vielfach überschritten sie die Grenze von Literatur und Wirklichkeit, ruhmvoll für die Kunst, zum »Unglück für die geschichtliche Wahrheit«, wie man folgerte. Die Prophezeiung eines angesehenen, sprachgewandten »armen Mannes« und Kleinbauern aus einem abgelegenen ostschweizerischen Voralpental erfüllte sich jedenfalls nicht. Er schrieb 1780: »Noch das grausamste und verhassteste Stück, man wird es, ob Gott will, auf keiner Bühne spielen und das Ungeheuer Richard vor gutartigen Menschen aufführen.«

Ein erster Interpret, zugleich der erste Existenzialist, bemerkte 1843: »Man bekommt im Allgemeinen sehr wenig zu wissen von dem Dämonischen, obwohl dies Gebiet gerade in unserer Zeit einen gültigen Anspruch darauf hat, entdeckt zu werden, und obwohl der Beobachter, wenn er es sonst versteht, sich ein wenig mit dem Dämon in Beziehung zu setzen, fast jeden Menschen wenigstens momentweise gebrauchen kann ...«
Darauf folgt die Frage, was denn nun Richard III. für eine solche dämonische Figur prädestiniere? »Offenbar dies, dass er das Mitleid, dem er von Kindheit an preisgegeben wurde, nicht ertragen konnte. Sein Monolog im 1. Akt von Richard III. ist mehr wert als ganze Moralsysteme, die keine Ahnung haben von den Schrecken des Daseins oder ihrer Erklärung ... Solche Naturen wie die Glosters kann man nicht erlösen dadurch, dass man sie in die Idee einer Gemeinschaft hinein mediiert. Die Ethik hält sie

eigentlich nur zum Narren ... Solche Naturen sind von Grund auf im Paradox, und sie sind keineswegs unvollkommener als andere Menschen, nur dass sie entweder verloren sind im dämonischen Paradox oder erlöst werden im göttlichen. Man hat zu allen Zeiten sich dabei gefreut, dass Hexen, Kobolde, Trolle usw. Missgeburten waren, und es ist unleugbar, dass jeder Mensch eine Neigung hat, wenn er eine Missgeburt sieht, sogleich die Vorstellung einer moralischen Depravation damit zu verknüpfen. Welche ungeheure Ungerechtigkeit, da das Verhältnis eher so umgekehrt werden muss, dass das Dasein selbst sie verdorben hat, wie eine Stiefmutter die Kinder entarten lässt. Ursprünglich durch Natur oder Geschichtsverhältnisse außerhalb des Allgemeinen gestellt zu sein, das ist der Anfang zum Dämonischen, woran das Individuum doch selbst keine Schuld hat.«
Mit dieser ersten ausgewählten Stellungnahme wird die alte Ansicht widerlegt, dass nur in einem gesunden Körper eine gesunde Seele wohne, ebenso wie die daraus abgeleitete voreingenommene Umkehrung, dass ein kranker Körper eine kranke Seele bewirke. Zeitgenossen haben allerdings den Interpreten selbst als so genannten Buckligen bloßgestellt, als schief oder krumm geschildert, was auf Karikaturen wiederzufinden ist. Einige erkennen jedoch, dass gerade dies das Einfühlungsvermögen vergrößere – vielleicht sei sogar der Autor des Monologs »selbst verkrüppelt« gewesen. Denn das Bewusstwerden des Andersseins erfolgt über Umwelt- oder gesellschaftliche Einflüsse. Dem Sprichwort gemäß, dass ein Buckliger seinen eigenen Buckel nicht sehe, notierte ein Schweizer Heilpädagoge: »Eine seelische Deformation durch körperliche Mängel wäre theoretisch nicht denkbar, wenn der Deformierte nur unter gleich Deformierten oder aber allein auf der Welt wäre.«

Ein zweiter, psychoanalytischer Interpret kommentierte den Monolog 1916 wie folgt: »Richard scheint nichts anderes zu sagen als: Ich langweile mich in dieser müßigen Zeit und ich will mich amüsieren. Weil ich aber wegen meiner Missgestalt mich nicht als Liebender unterhalten kann, werde ich den Bösewicht spielen, intrigieren, morden und was mir sonst gefällt. Eine so frivole Motivierung müsste jede Spur von Anteilnahme beim Zuschauer ersticken, wenn sich nichts Ernsteres hinter ihr verbärge ... Ich meine darum, der Monolog Richards sagt nicht alles; er deutet bloß an und überlässt es uns, das Angedeutete auszuführen. Wenn wir aber diese Vervollständigung vornehmen, dann schwindet der Anschein von Frivolität, dann kommt die Bitterkeit und Ausführlichkeit, mit der Richard seine Missgestalt geschildert hat, zu ihrem Rechte, und uns wird die Gemeinsamkeit klar gemacht, die unsere Sympathie auch für den Bösewicht erzwingt. Es heißt dann: Die Natur hat ein schweres Unrecht an mir begangen, indem sie mir die Wohlgestalt versagt hat, welche die Liebe der Menschen gewinnt. Das Leben ist mir eine Entschädigung dafür schuldig, die ich mir holen werde. Ich habe den Anspruch darauf, eine

Ausnahme zu sein, mich über die Bedenken hinwegzusetzen, durch die sich andere hindern lassen. Ich darf selbst Unrecht tun, denn an mir ist Unrecht geschehen – und nun fühlen wir, dass wir selbst so werden könnten wie Richard, ja dass wir es im kleinen Maßstab bereits sind. Richard ist eine gigantische Vergrößerung dieser einen Seite, die wir auch in uns finden. Wir glauben alle Grund zu haben, dass wir mit Natur und Schicksal wegen kongenitaler und infantiler Benachteiligung grollen; wir fordern alle Entschädigung für die frühzeitige Kränkungen unseres Narzissmus, unserer Eigenliebe ... Es ist aber eine feine ökonomische Kunst des Dichters, dass er seinen Helden nicht alle Geheimnisse seiner Motivierung laut und restlos aussprechen lässt. Dadurch nötigt er uns, sie zu ergänzen, beschäftigt unsere geistige Tätigkeit, lenkt sie vom kritischen Denken ab und hält uns in der Identifizierung mit dem Helden fest.«
Für eine Rede an Jugendliche hat ein postmoderner spanischer Ethiker einen Aspekt dieser Deutung aufgenommen, nämlich das Feinbild und die Falle des Egoismus', dem Gegenbild zur Freiheit und Selbstbestimmung. Nur durch Selbsttäuschung könne Richard III. glauben, gewaltsam, »mit Hilfe der Macht«, sich Zuneigung zu verschaffen. »Und das Schlimmste von allem ist, dass er, der alle seine Verbrechen aus verzweifelter Selbstliebe verübt hat, schließlich selbst Abscheu und Hass gegen sich fühlt ...«
Die aufgezählten psychologischen Mechanismen führen zur Verallgemeinerung, die Richard III. gar nicht als behindert begreift, sondern als nichtbehindert in der Rolle einer behinderten Figur.
In einer Nacherzählung des Theaterstücks heißt es: »Vor sich hinredend, hinkte er durch einen immer dichter werdenden Nebel, durch den der Mond kaum mehr drang. Als ihm ein Hund entgegenkam und ihn anbellte, heulte er wie ein wunder Wolf auf – Mond, so viel Nebel gibt es nicht, all das vergossene Blut vor dir zu verbergen – und schrie, ahh, ich werde aus meiner Not eine Tugend machen und in dieser entsetzlichen Welt der Entsetzlichste werden.« Aber Richard III. wurde nicht nur vom Nebel, sondern von Anfang an auch durch die Behauptungen und Bilder, die man sich von ihm machte, verborgen.

Anmerkung

Der britische Dramatiker ist natürlich William Shakespeare (in der Übersetzung von August Wilhelm Schlegel), der Philosoph heißt Thomas Morus und der Kleinbauer Ulrich Bräker. Der erste Interpret ist Sören Kierkegaard, der zweite Sigmund Freud. Der Heilpädagoge aus der Schweiz heißt Heinrich Hanselmann, der postmoderne spanische Ethiker Fernando Savater. Biografien über Richard III. sind u.a. erschienen von Paul M. Kendall oder Karl M. Eising. Shakespeares Theaterstücke nacherzählt hat Urs Widmer.

3

Der verwachsene Wunderdoktor

Der zeitgenössische Stich, der Paracelsus (1493-1541) im Profil zeigt, gibt in einer Kopfzeile seinen Wahlspruch wieder: Alterius non sit, qui suus esse potest – Einem andern soll nicht gehören, wer sich selber gehören kann. Oder in einer anderen Übersetzung: Wer selbstständig sein kann, soll sich keinem anderen unterwerfen. Eine trotzige Selbstbestimmung wird dem Brustbild damit eingeschrieben.
Schon die besondere Kopfform konstruiert aus Paracelsus einen Querkopf. Die markanten Gesichtszüge, die muskulösen Wangen, der gepresste Mund, der prüfende, angestrengte Blick scheinen dies fürs Erste zu bestätigen. Auf dem Porträt direkt zu erkennen ist, Paracelsus' »etwas verwachsene Schädelform« und der Buckelansatz, aufgrund der Darstellung der gefurchten Glatze und des schattierten Nackens.

Paracelsus sagt von sich selbst, »von Natur bin ich nicht subtil gesponnen«. Er führt dies auf die Abstammung und die Gegend seiner Geburt, das voralpine, innerschweizerische Einsiedeln, zurück. Dass er aber im Haus neben der »Teufelsbrücke« zur Welt gekommen sei, gehört zum gepflegten »Mythos Paracelsus«, der die »ernst gemeinte sachliche Darstellung« noch immer dominiert, wie ein kritischer Publizist bemerkt, auf dessen Recherchen ich mich im Folgenden vor allem stütze. Im »Mythos Paracelsus« wird die große Verehrung mit falschen Vorstellungen verwoben.
Der Vater, Wund- oder Feldarzt, ein »deklassierter Adliger«, war aus Süddeutschland eingewandert. Er heiratete eine »Leibeigene des Klosters Einsiedeln«. Hartnäckig hält sich die Legende, dass Paracelsus am gleichen Tag wie Luther geboren worden sei – seine Mutter, die früh stirbt, wird als »schizophren dargestellt«, obwohl von ihr kaum etwas konkret überliefert ist. Vater und Sohn verlassen – als Fremde – Einsiedeln bald.
Ein Schriftsteller, der ein Sammelband mit unterschiedlichen Perspektiven zu Paracelsus zusammenstellte, hält »Paracelsus als teuflische Gestalt, deren Geburt die Mutter das Leben kostete«, für erwägenswert, allerdings mit einem Fragezeichen versehen. Schon mit dem Geburtshaus

neben der »Teufelsbrücke« wird, wie erwähnt, Paracelsus zum Außenseiter und Oppositionellen gestempelt, seine Gedankenwelt dämonisiert und zugleich grundlos romantisiert.
Durchaus denkbar, wie einige behaupten, »dass Paracelsus schon zu Lebzeiten eine Legende« gewesen ist. Paracelsus ist nicht mehr von dem zu trennen, was über ihn im Laufe der Zeit gesagt wurde, vor allem da die verbürgten biografischen Angaben über ihn dürftig sind.
Der Publizist notiert: »Aber die Fragen sind berechtigt und nicht so einfach zu beantworten, wie die Schwärmer meinen: War Paracelsus mittelalterlicher Magier oder bahnbrechender Wissenschaftler? War er ein Scharlatan oder tatsächlich der geniale Arzt? War er ein Schwindler, der voreilige Schlussfolgerungen zog oder ein vorausschauender Spürer und Denker? Ein auf der alten Tradition Aufbauender oder ein Verleumder der Klassiker? Ein vorwärtsgerichteter Neuerer oder ein zurückschauender Reformer, der Verschüttetes wieder aufleben lassen wollte? Er war dies alles und noch einiges mehr. Es ist die Doppel- oder Dreifach- oder Mehrfach-Natur des Paracelsus, die nicht einfach zu begreifen und zu fassen ist, welche die feindlichen Lager schafft.«

»Ich war sonderlich«, beginnt Paracelsus eine in seinem Werk seltene Selbstcharakterisierung, »und keiner konnte mein Geselle sein ... Hinderung war mir, dass ich in großer Armut erzogen und aufgewachsen bin, dass es meines Vermögens nicht gewesen ist, nach meinem Gefallen zu handeln. Viel Widerwärtigkeiten sind mir zugestoßen und niemand ist da gewesen, der mich hätte beschützen können. Denn die sehr seltsame, dämonische Art der Menschen hat mich schwer gejagt, getadelt, gehindert und unwert gemacht, dass ich nicht viel Ansehen gehabt habe vor den Menschen, sondern Verachtung, denn meine Zunge ist zum Schwätzen nicht gerichtet.« In anderem Zusammenhang spricht er von seiner »stammleten Zunge«.
Nicht nur die Biografen sagen, dass er gestottert habe, schon Zeitgenossen, einer seiner Gehilfen zum Beispiel, berichten, dass man ihn kaum verstehen konnte, nur in den Kneipen, in denen er häufig verkehrte, spielte dies kaum eine Rolle. In den Disputationen mit den traditionellen Kollegen hingegen hatte er wahrscheinlich Schwierigkeiten sich auszudrücken und durchzusetzen, natürlich auch aufgrund seiner radikalen Gegenposition. Der herausgeforderten Auseinandersetzung folgte die Nötigung und Ausgrenzung.
Das Stottern wird hin und wieder als Erklärung für sein schriftstellerisches Werk, für seine Schreibwut, angeführt – von über zweihundert Büchern, die er verfasst haben soll, ist die Rede. Doch der Publizist schreibt: »Paracelsus ist einer der beschwerlichsten Darsteller von Wissen und Erfahrung, die es gibt. Sein beständiges Ringen mit dem sprachlichen Ausdruck ist fast auf jeder Seite spürbar und hörbar. Seine Rede

ist ungelenk, sinnenschwer und orakelhaft.« Paracelsus betrachtet sich selbst weiter wie folgt: »Der da ein hübscher feiner Gesell sein und unter den andern hervorstechen will, dass ihm alle Frauen und Jungfrauen hold seien; doch er ist krumm geboren, er hat einen Buckel auf dem Rücken wie eine Laute und hat auch sonst keine Person, keine Figur am Leib.« – »Keine Figur«, soll heißen: Er war kleinwüchsig. Und er war »nachlässig, oft zerlumpt gekleidet«.

Das Medizinstudium schloss Paracelsus in Ferrara in Italien ab, es gibt welche, die dies bezweifeln, denn einen Nachweis seines Doktortitels gibt es nicht. »Paracelsus war wohl der größte Wanderer seiner Zeit.« Er war in ganz Europa unterwegs, von Lissabon bis Upsala. Man bezeichnet ihn als »einen der ersten Europäer«.
Der verwachsene Arzt auf Wanderschaft wird zum gefragten und gefürchteten Wunderdoktor. Die so genannten Wunderheilungen verschaffen ihm An- oder besser Aufsehen. Man sagt, er sei eine »sehr suggestive Persönlichkeit gewesen«, seine Art und sein »persönlicher Einfluss« habe schon Krankheiten geheilt. Der gelähmten Tochter eines Gastwirts verschrieb er ein paar Tropfen, am nächsten Tag konnte sie wieder gehen. Entsprechend kurierte er ungeduldige Kranke oder Angehörige: In St. Gallen operierte Paracelsus den Sohn eines Kleinbürgers an der Hand. Die schwoll an, was den Vater misstrauisch machte. »Nun griff Paracelsus zu einem drastischen Mittel, das dazu beitrug, seinen Ruf als Wunderdoktor noch lange wach zu halten. Er verordnete, dass lebendige Regenwürmer eine Nacht lang über die Wunde gebunden wurden.« Zwar habe das, sagt der Schriftsteller, einem alten Brauch entsprochen, aber Paracelsus einen Zeitgewinn verschafft, der für den »natürlichen Heilungsprozess« notwendig war. Die Schwellung der Hand ging zurück.
Nicht immer hat er den gewählten Ort freiwillig verlassen, oft musste er flüchten, vertrieben und verfolgt wegen seiner Ansichten und Handlungen. Dennoch: »Erfahrungen auf der Wanderschaft sind ihm weit wichtiger als akademisch-universitärer Firlefanz.«
Paracelsus sagt selbst: »Will einer viele Krankheiten erkennen, so muss er auch wandern.« Paracelsus' »spektakulärer, skandalumwitterter

Lebenslauf« entspricht gewissermaßen einem »Reisebericht«.
1527 wird er von Straßburg nach Basel gerufen, der bekannte Drucker Johannes Frobenius »hat ein unerklärliches Beinleiden«. Paracelsus kann die Amputation verhindern, das Bein heilen. Darauf wird er zum Basler Stadtarzt und Dozenten berufen. Er hielt Vorlesungen, nicht in Latein, sondern auf Deutsch, damit es jeder verstand, doch das allein gilt schon als eine Provokation für die Honoratioren. Zusätzlich griff Paracelsus aber die klassischen Lehrbücher an, er verbrannte sie sogar öffentlich.
In Basel wurde er sowohl als »Luther der Medizin« begrüßt wie als »Waldesel von Einsiedeln« beschimpft. Ersteres bedeutet: seine reformerischen Ansprüche werden für die Praxis und Heilungsaussichten hingenommen, aber auch als Bedrohung der tradierten Privilegien der Ärzte begriffen, Letzteres wird auf seine »knorrig-störrische Ausdrucksweise« bezogen und hat Paracelsus' Beleidigung als »Schwätzer und geistiger Krüppel« zur Folge. Nur ein Jahr blieb er in Basel, fluchtartig verließ er die Stadt. Das Scheitern in Basel wird ihn künftig begleiten.
Der Publizist hält fest: »Der Einsame, der Einzigartige, der Außergewöhnliche, der Verfolgte, der Zerrissene, der Untergrundwissenschaftler, der Selbstlose, wie er in der paracelsisch-mythologischen Geschichtsschreibung seit Jahrhunderten genannt wurde, der Monarch, der Abweichler, der Reformator, der Revolutionär, der Bahnbrecher, der Pionier, wie er glorifiziert wurde, der Scharlatan, der Zahlenmystiker, der Ketzer, Esoteriker, Magier, Zauberer, der mystische Barbar und Dilettant, wie er verteufelt weggeschoben wurde, dieser sonderbare Wanderdoktor befindet sich also wieder auf der Landstraße.«

Theophrastus Bombastus von Hohenheim nahm als Erwachsener den selbstgewählten Namen Paracelsus an – in Erinnerung an den römischen Philosophen Celsus, dessen Namen er ein Para voranstellt, was so viel bedeuten kann wie »über Celsus hinausgehend«.
Man vergleicht ihn mit Kolumbus, Paracelsus habe die innere Welt, das Bewusstsein, erobert und erforscht. Gemeinhin gilt er heute als Leitfigur einer ganzheitlichen Medizin. Er habe die Grundsätze der Homöopathie vorweggenommen, nach dem Prinzip: »Die rechte Dosis macht das Gift zum Heilmittel.« Mit vielen seiner Wundermitteln erscheint er wie ein Pionier des Placebos. Schon ein Flugblatt aus dem 16. Jahrhundert preist ihn als »Wundertäter«, als hochgelehrt, trotz seiner akademischen Aversionen, tiefsinnig und naturkundig. Gleichzeitig wurde er von seinen Zeitgenossen als »Urinschnüffler« verschrien, weil er, ebenso bahnbrechend, den Urin, wie auch das Blut, der Kranken untersuchte. Paracelsus sagte: »Ich danke aber Gott, den Kranken gefiel ich.«
Manche nennen ihn auch Wegbereiter der Wundheilkunde, der Operationslehre, der Chemotherapie, der Psychosomatik und so weiter. Durch seine Universalität geht der erlittene Spott in der Glorifizierung unter.

Paracelsus' Unabhängigkeit und Originalität anerkennen die Interpreten übereinstimmend. Doch, meint der Publizist, »als ›Begründer‹ der modernen Medizin taugt Paracelsus gar nicht«. Die meisten Biografen würden Paracelsus' Bücherfeindschaft verschweigen, und vor allem seinen Antisemitismus.

Die Magie hat Paracelsus, als Mystiker und Alchemist dem Mittelalter gemäß, sowohl negativ wie positiv besetzt. Die Magie verweist auf Kunst, nicht auf Wissenschaft. Der kritische Publizist findet es unnötig, Paracelsus gegen den Vorwurf des Aberglaubens in Schutz zu nehmen, denn er hat Vertrauen ins Format seiner Figur.
Paracelsus hat nachweislich viele Krankheiten und Behinderungen auf magische Einflüsse und schlechte »Imaginationen« zurückgeführt. Die moralische Argumentation beziehe er aus seinem sozialen Außenseitertum. Paracelsus schreibt: »Es ist möglich, dass einem Kind ein bleibendes Zeichen auf der Haut entsteht, nach Art eines Muttermales, wenn eine Frau zu solcher Stunde die Lust befällt, zu stehlen, zu buhlen und dergleichen. Das wirkt im Kind fort, wird ihm eingeboren und hängt ihm sein Leben lang an.« Diese »Brandzeichen« – nicht nur Muttermale, sondern auch fehlende Hände, Finger oder Augen – sind »Zeichen der Laster, die selten Gutes bedeuten«. Diejenigen Personen, die sie tragen, identifiziert Paracelsus mit den »bösen Geistern«, von denen die Merkmale stammten. Die Menschen, denen Gliedmaßen fehlten, seien zu fürchten, denn sie seien vom Teufel gezeichnet, von »seiner verborgnen tück und schalkheit«. Damit reiht er sich in eine Tradition ein, die volkstümlichen Redensarten Wahrheit zuspricht. Nach Paracelsus sollen behinderte Neugeborene nicht bemitleidet werden, »weil ihre eigene Natur sie hasset«. Moralisch fordert Paracelsus eine erst im Jenseits sich auszahlende Aufopferung: »Es ist besser, dass der Hinkende, der Krüppel und der Lahme reitet, als du, dass du ihm die gute Speise gibst und die schlechtere für dich behältst, denn er ist krank, du aber gesund. Er bedarf ihrer, du nicht ... Durch die Liebe, die du ihnen erweisest, werden sie deine Freunde. So schaffst du dir mit deinen Gottesgaben Freunde im Himmel.«
Hebt dies die erstaunliche Tatsache auf, dass er – behindert und sozial abtrünnig – nicht von der Inquisition verfolgt wurde? Er stirbt in Salzburg – gegen den Tod ist der Arzt machtlos, betont Paracelsus selbst.

Anmerkung

Der kritische Publizist heißt Franz Rueb, sein Buch »Mythos Paracelsus« ist im Quintessenz Verlag Berlin und München 1992 erschienen. Der Schriftsteller, der das Kompendium »Paracelsus – Arzt unserer Zeit« im Benziger Verlag Zürich 1992 herausgegeben und einleitet hat, ist Frank Geerk.

4

Der bucklige Menschenfreund

Von einem angeblichen Zusammentreffen Friedrich des Großen mit dem jüdischen Philosophen Moses Mendelssohn (1729-1786) wird folgende Anekdote erzählt: Ein beim preußischen König in Potsdam zu Besuch weilender kursächsischer Staatsminister gab kund, dass er über Berlin zurückreisen werde. Friedrich der Große wunderte sich, denn seiner Meinung nach war in Berlin beinahe alles bedeutungslos. Der Staatsminister sagte, er wolle den dort lebenden, berühmten Moses Mendelssohn kennen lernen. Der König bot an, aus welchen undurchsichtigen Gründen auch immer, Mendelssohn nach Potsdam zu bestellen. So erhielt Mendelssohn brieflich eine königliche Anordnung. Da diese mit einem jüdischen Feiertag in Konflikt geriet, konnte er nicht umstandslos zusagen, weil er sonst die Gesetze des Talmuds verletzt hätte. Die zuständigen Rabbiner verfügten jedoch, die Einladung als Notstand zu betrachten.
Mendelssohn reiste also von Berlin bis kurz vor Potsdam mit der Kutsche. Durch das Stadttor ging er zu Fuß. Dabei wurde er von der Schildwache examiniert, das heißt überprüft mit der Frage: »Wo will der Jude hin?« Mendelssohn antwortete, »er komme auf Befehl des Königs dahin, und überreichte dabey den obengedachten Brief«. Die Wachen lasen das Schriftstück, und weil darin die Bekanntheit des Besuchers erwähnt wurde, fragten sie nach: »Worinn ist Er denn so berühmt, dass Er hieher berufen wird?«
Der Verlagsbuchhändler und Jugendfreund Mendelssohns, der die Anekdote berichtete, notierte nun, bevor er Mendelssohn selbst antworten ließ: »Moses, obgleich sonst sehr ernsthaft, konnte doch bey Vorfällen dieser Art, welche ihm in seinem Leben einigemal begegneten, eine gewisse Laune nicht verläugnen.« Mendelssohn erlaubte sich die Antwort: »Ich spiele aus der Tasche!« – »So«, meinte der wachhabende Offizier, hob seinen Hut und ließ Mendelssohn passieren.
Die Szene wurde gezeichnet von einem der bekanntesten zeitgenössischen Kupferstecher, Daniel Chodowiecki, und dann in einem »Physiognomischen Almanach« verbreitet. Links und rechts am Bildrand stehen die uniformierten »Langen Kerls«, die wahrscheinlich Friedrich dem Großen, dem Sohn des »Soldatenkönigs«, von seinem Vater übrig blie-

Moses Mendelssohns Examen am Berliner Thor zu Potzdam

ben. Nur die Bäume einer Allee hinter ihnen Überragen sie. Links von der Bildmitte ist eine offensichtlich wegfahrende Kutsche zu sehen. Ihre dunkle Hinteransicht hebt das weiße Schreibpapier oder den Moment der Übergabe des Schreibens vom Offizier zu dem im dunklen Anzug rechts von der Mitte stehenden Mendelssohn besonders hervor. In der Regel wird an diesem Bild der Gegensatz der militärisch eleganten Wachen und dem kleinen buckligen Philosophen betont.
Ein Biograf schreibt, dass die Kunst des Kupferstechers »die Hässlichkeit Mendelssohns nicht beschönigt, sondern ihn durch zwei hoch gewachsene Militärpersonen optisch noch verkleinert, aber nur um ihn mit Gesicht, Handbewegung und Haltung kompositorisch zum Mittelpunkt der Szene zu machen, die er geistig ohnehin beherrscht. Es ist das einzige Bild, das uns Herrn Moses' Gestalt veranschaulicht.« Der Biograf bemerkt im Übrigen, dass die Anekdote des Jugendfreundes und Verlagsbuchhändlers ein Blendwerk sei, »die zur Aufbesserung des Friedrich-Bildes dient. Herr Moses hat sie nicht nötig«.
Die Szene mit dem philosophischen Taschenspieler wurde für den Umschlag der ersten Ausgabe der Biografie des eben zitierten Autors ein zweites Mal dargestellt. Hinzu kam im Hintergrund der (Ost-)Berliner Fernsehturm – im Volksmund »Telemichel« oder »Alex« genannt. Die Kontrolle Mendelssohns konnte als Anspielung auf die (ehemalige) Teilung Berlins durch die Mauer und ihre nationalen und internationalen »Übergänge« gedeutet werden. Bei der Taschenbuch-Neuausgabe, auf die ich mich beziehe, wurde dann ein klassisches Porträt Mendelssohns als Titelbild gewählt. Es zeigt Mendelssohn mit einer beeindruckend hohen Stirn, mit skeptischem, konzentriertem Blick, mit markant hervortretenden Wangenknochen und einem geschwungenen, ironischen Mund. In diesem Gesichtsausdruck ist die Aufhebung des Kontrasts vom Kör-

per, der Rückgratverkrümmung, und dem Geist, der Aufklärung, angelegt – wie ein Dichter später sagte, »gleichsam um dem Pöbel in recht greller Weise die Lehre zu geben, dass man den Menschen nicht nach seiner äußeren Erscheinung, sondern nach seinem inneren Wesen schätzen soll«.

Moses Mendelssohns Sohn Joseph charakterisierte seinen Vater wie folgt: »Er war von kleiner Statur, verwachsen in den Schultern, die einen starken Höcker bildeten; er stotterte oft im Sprechen. Im Gegensatz zu dieser misslichen Leibesgestalt war sein Kopf sehr schön gebildet, und alle seine Gesichtszüge verkündeten einen hohen Geist und ein herrliches Gemüt.« Mendelssohn selbst schrieb dem jugendlichen Studium seinen verwachsenen Körper zu. Doch das nächtelange Studieren des mittelalterlichen Religionsphilosophen und Arztes Maimonides habe ihm »manche trübe Stunde versüßt, und so auf der einen Seite mich zehnfach für das entschädigt, um was er mich in Betracht meines Körpers gebracht«.
Mendelssohn, in Dessau geboren, stand schon als Junge vor dem allein für Juden eingerichteten Rosenthaler Stadttor und wurde gefragt, was er in Berlin wolle. Damals soll er geantwortet haben: »Lernen.«
In Berlin kannte er niemanden, erhielt immerhin karge Freikost als Schreibkraft beim Oberlandesrabbiner. Dann empfahl man ihn als Hauslehrer bei einem reichen Seidenhändler. Die Zeit nützte er auch zum Selbststudium, zur Steigerung seines Selbstwertgefühls und für erste Publikationen.
»Freier Schriftsteller« durfte er sich als Jude nicht nennen. Als sein Ansehen unter den Philosophen nicht mehr zu verheimlichen war, erhielt er das »Privileg eines Schutzjuden«, das war ihm, der sich für eine »allgemeine Menschenduldung« und nicht für Sonderrechte einsetzte, unangenehm.
Das Geschäft mit der Seide war sein Brotberuf. Zuletzt leitete er als kaufmännischer Direktor das Unternehmen des Fabrikanten, bei dem er als Hauslehrer anfing.

Von Mendelssohns »Brautwerbung« wurde ein Jahrhundert später folgende Anekdote in einem »Volkskalender« veröffentlicht. In Hamburg, zum ersten Mal außerhalb Berlins, lernte Mendelssohn über einen Freund Fromet Gugenheim kennen. Über seinen Buckel war sie erschrocken, ließ es ihn direkt aber nicht wissen. Mendelssohns erweckte Liebe erschütterte dies nicht, er berichtete ihr geschickt von den Ehen, die im Himmel geschlossen werden: »Wie ich nun geboren, wird mir auch meine Frau ausgerufen, aber dabei heißt es: Sie wird, leider Gottes, einen Buckel haben, einen schrecklichen. Lieber Gott, habe ich da gesagt, ein Mädchen, das verwachsen ist, wird gar leicht bitter und hart, ein Mädchen soll schön sein, lieber Gott, gib mir den Buckel und lass das Mäd-

chen schlank gewachsen und wohlgefällig sein.« Die Anekdote schließt mit dem Kommentar: »Kaum hatte Moses Mendelssohn das gesagt, als ihm das Mädchen um den Hals fiel – und sie ward seine Frau, und sie wurden glücklich miteinander ...«
»Moses Mendelssohn ist der Stammvater einer ungeheuer zahlreichen Familie«, schreibt der Biograf. Die Mendelssohns hatten zehn Kinder, vier davon starben früh. Der schon erwähnte Sohn Joseph war der Leiter des Bankhauses Mendelssohn, auch Abraham war Bankier und der Vater des Komponisten Felix Mendelssohn Bartholdy. Nathan, der jüngste, war Techniker und Instrumentenbauer. Die Tochter Brendel heiratete einen romantischen Dichter und Literaturtheoretiker und nannte sich dann Dorothea Schlegel, Henriette blieb unverheiratet, sie war klein und »etwas verwachsen«, sie lebte lange als Erzieherin in Paris, in ihrer Wohnung trafen sich Künstler und Gelehrte. Rebekka gründete ein Mädchenpensionat und lebte später bei ihrem Bruder Abraham. »Von den sechs lebenden Kindern Moses Mendelssohns blieben nach dem Tod ihres Vaters nur zwei Juden«, stellt der Biograf fest.

Von Mendelssohn werden viele Anekdoten erzählt. Welches Interesse stand hinter ihnen? Galt es der Verbreitung der Toleranz, der Gutmütigkeit, der Gewitztheit des Hauptdarstellers oder in sublimierter Weise dem Spott? Das Bild, das man sich von Mendelssohn macht, wird durch diese mögliche Ambivalenz oder nach der Redewendung, dass die Ausnahme die Regel bestätige, bestimmt. Die Bedrohung und Vorurteile, die die Anekdoten enthalten, löst Mendelssohn individuell in heiterer Form auf. Unter der Hand erhält man die Gelegenheit sich über ihn zu amüsieren und zugleich an seiner Schlagfertigkeit zu partizipieren. Die Demütigungen und Gedankenlosigkeiten gegen Mendelssohn stellen in den Anekdoten den Vorbehalt dafür dar, dass er als Außenseiter, als jüdischer und behinderter Mensch akzeptiert werden kann. Die existenzielle Konsequenz hängt allein an Mendelssohns Gewandtheit, würde sie fehlen oder als nicht ausreichend beurteilt werden, wäre er sozial preisgegeben. Unter dieser Ausrichtung verlieren die Anekdoten ihre Unschuld und ihren metaphorischen Charakter.
Der Biograf ordnet Mendelssohn unter die »ersten Männer einer neuen Wissenschaft, der Psychologie«, ein. Nicht zuletzt deswegen, weil, »wer bucklig ist und seine Worte herauswürgt, der steht sein Leben lang oft genug abseits und hat Zeit, die Selbstbeobachtung zu erlernen als bittersüße Kunst«.

Mit einem Begleiter sei Mendelssohn im so genannten Lustgarten in Berlin auf und ab gegangen und dabei von einem betrunkenen Soldaten angepöbelt worden. Der Begleiter wollte mit seinem Spazierstock den tätlich werdenden abwehren, aber Mendelssohn soll gesagt haben: »Nicht doch,

Freund, lassen Sie dem unglücklichen Sklaven die Freude, einen Juden ein wenig necken zu dürfen.«
Ein anderes Mal, wird erzählt, geriet Mendelssohn im Tiergarten an einen preußischen Offizier, der ihn anfuhr: »Jüdchen, gibt's nichts zu schachern, nichts zu handeln?« Mendelssohn habe verlegen verneint, der Offizier ließ aber nicht von ihm ab, so lange bis Mendelssohn geantwortet habe: »Ich handle mit Vernunft, und in diesem Artikel werden wir gewiss nicht miteinander handeln, denn Sie haben wenig Bedarf an demselben.«
Mendelssohn, der Menschenfreund, gilt als »deutscher Sokrates«, aber es gab auch welche, die ihn als »Seichbeutel« bezeichneten. Lessing, mit dem Mendelssohn befreundet war, nahm ihn als Vorbild für sein Theaterstück »Nathan der Weise«.

Anmerkung

Die Biografie über Moses Mendelssohn schrieb Heinz Knobloch: »Herr Moses in Berlin – Auf den Spuren eines Menschenfreundes«. Fischer Taschenbuch Verlag Frankfurt a.M. 1996 (erstmals erschienen 1979 in der DDR). Der Dichter heißt Heinrich Heine, derjenige, der Mendelssohn einen »Seichbeutel« nannte, ist kein Geringerer als Karl Marx.

5

Der Philosoph und Physiker mit Buckel

Es wurde angenommen, dass die Karikatur vom zeichnerisch begabten Georg Christoph Lichtenberg (1742-1799) selbst stammen könnte. Der Namenszug entspricht aber nicht der Unterschrift Lichtenbergs, er wurde später hinzugefügt. Die Karikatur wird dem Sohn eines Kollegen Lichtenbergs zugeschrieben. Sie habe zweifellos einen hohen Realitätsgehalt, nicht nur die »hässlichen Eigenarten«, insbesondere der Buckel, sondern auch der berufstypisch vorgestreckte Zeigefinger, ein auch bei anderen Gelehrten vorkommendes zeitbezogenes Kennzeichen, würden darauf verweisen.
Über das Aussehen Lichtenbergs herrscht dennoch Unklarheit, die überlieferten Porträts stimmen nicht in jedem Detail überein. Die Karikatur, die die »Hässlichkeit« hervorhebt, steht im Kontrast zu seiner Persönlichkeit, die als höflich, listig, witzig, fröhlich und munter beschrieben wird. Von prominenter Seite hat man behauptet: »Lichtenbergs Wohlgefallen an Caricaturen rührt von seiner unglücklichen Constitution mit her, dass es ihn erfreut, etwas noch unter sich zu erblicken.«
In einer Notiz mit dem Titel: »Charakter einer mir bekannten Person« hat Lichtenberg den Entwurf eines Selbstporträts geliefert: »Ihr Körper ist so beschaffen, dass ihn auch ein schlechter Zeichner im Dunkeln besser zeichnen würde, und stünde es in ihrem Vermögen, ihn zu ändern, so würde sie in manchen Teilen weniger Relief geben. Mit seiner Gesundheit ist dieser Mensch, ohnerachtet sie nicht die Beste ist, doch noch immer so ziemlich zufrieden gewesen, er hat die Gabe, sich gesunde Tage zu Nutze zu machen, in einem hohen Grade.«
Diese Stelle, die Lichtenberg mit siebenundzwanzig Jahren schrieb, aus einem seiner berühmten »Sudelbücher«, hat man wie folgt ausgelegt: »Missgestalt wird er uns erst in dem Augenblick, da er sich selbst so beschreibt.« Nicht einmal, dass die Karikatur als pointierte Darstellung der Interpretation widerspricht, das ist ihre Art, sondern Lichtenberg beschreibt seine Figur keineswegs zur besseren Veranschaulichung, er betont die Eigenart vielmehr in einem inhaltlichen Sinn: »Die gesundesten und schönsten, regelmäßigst gebauten Leute sind die, die sich alles gefallen lassen. Sobald einer ein Gebrechen hat, so hat er eine eigene Mei-

nung.« An einen bekannten Kupferstecher schreibt Lichtenberg 1779 allerdings: »Noch eins muss ich gehorsamst bitten, dass Sie doch so gütig sind und vermeiden bei den Kalenderkupfern ... alle so genannten Leibes Gebrechen, denn Sie könnten sonst leicht jemand treffen, der mir sehr lieb wäre, oder gar mich selbst.«

Lichtenbergs Vater, Pfarrer von Ober-Ramstadt bei Darmstadt, hatte ins Kirchenbuch geschrieben: »... gebohrnes Söhnl. so gleich wegen Schwachheit von mir getaufft.« Er war am Sonntag geboren, aber im Volksverständnis kein Sonntagskind. Seit seinem achten Lebensjahr litt Lichtenberg an einer »Wirbelsäulenverbiegung, einer Kyphoskoliose, d. h. einer mit Buckelbildung einhergehenden Seitausbiegung der Brustwirbelsäule«. Weiter notiert sein Pathograf: »Eine derartige Kyphoskoliose ist nicht nur ein gewiss schlimmer Schönheitsfehler – sie ist bedeutsam vor allem durch ihre Rückwirkungen auf die inneren Organe, besonders auf Lunge und Herz.« Lichtenberg müsse sich bei jeder Anstrengung wie in einer »Schnürweste« gefühlt haben.

Als Erwachsener lebt Lichtenberg mit dem Blumenmädchen Maria Dorothea Stechardt zusammen. Sie ist seine Haushälterin, Geliebte, Frau. Aber er heiratet sie nicht. Sie stirbt früh. Bald nimmt er eine neue junge Haushälterin auf, Margarete Elisabeth Kellner, sie heiratet er. Mit ihr hat er sechs Kinder. »Die Ehe wird in Göttingen als Mesalliance empfunden«, kommentiert der Pathograf und verweist auf das zeitgenössische (und noch heute latente) grausame Vorurteil vom »kleinwüchsigen Sexualgiganten«.

Aufgrund seiner Konstitution musste Lichtenberg eine Verkürzung seiner Lebenszeit befürchten. Damit konnte er verständlicherweise zeitweilig kaum »gelassen«, wie sein Selbstporträt suggeriert, oder gar »souverän«, wie Außenstehende meinen, umgehen. Lichtenberg reflektiert seine Lebensangst minutiös in den Tagebüchern. Oft setzt er sich mit der Selbsttötung auseinander.

Lichtenberg selbst zählt ironisch seine Krankheiten, zufällig dreizehn an der Zahl, unter anderem Asthma, Gelbsucht, Wasser im Kopf, Polypus im Herzen, Diabetes. Zudem kennt er die eingebildeten Krankheiten und Kranken, die nicht weniger zahlreich seien als die wirklichen. Lichtenberg sieht sich, seiner Leiden und Empfindsamkeit bewusst, als »pathologischer Egoist. Es ist ein höchst trauriger Zustand«. Er bemerkt: »Ich habe das Register der Krankheiten angesehn, und habe die Sorgen und traurige Vorstellungen nicht darunter gefunden, das ist sehr unrecht.«

Lichtenbergs Wirbelsäulenverkrümmung ging wahrscheinlich auf eine Rachitis zurück, nicht auf die »Unvorsichtigkeit einer Wärterin« und einen Unfall, obwohl meistens letztere Ursache bevorzugt wird. In der Pathografie Lichtenbergs findet sich folgende Fußnote hierzu: »Ursache dieser sicherlich unbewussten Fehldeutung durch die Patienten ist eine

merkwürdige und irrationale Wertskala, in der das erworbene Gebrechen über dem angeborenen, das durch äußere Gewalteinwirkung erworbene über dem aus inneren Ursachen entstandenen rangiert.« Diese Rangordnung lässt sich begreifen, wenn dabei die selektive Akzeptanz der Normalität gegenüber Außenseitern als ihre Bedingung berücksichtigt wird. Während die Unterscheidung von geburts- und unfallbehinderten Menschen auf den jeweiligen existenziellen und bewusstseinsmäßigen Ausdrucksweisen und Entwicklungssituationen beruht, ist die Frage nach den Ursachen der Behinderung kategorisch normorientiert. Eine Besonderheit bezieht sich bei Lichtenberg darauf – im Gegensatz zu sonstigen Beobachtungen –, dass die Menschenscheu trotz seiner Erfolge, seiner Anerkennung als Professor der Physik in Göttingen, nicht zurückgeht. Möglicherweise eine Folge seiner ständigen und kultivierten »Aufmerksamkeit auf sich selbst«, die zeitbezogen übersetzt wird als so genannte Hypochondrie. Doch die Anthrophobie ist bei Lichtenberg gepaart mit einer polemischen Menschenbeobachtung. Die eigene Geschichte wird nicht ausgerichtet an der »bösen Welt«, sie wird gegen sie gestellt. Der Körper spielt eine gleichgewichtige Rolle zum Geist. Lichtenberg notiert: »Mein Körper ist derjenige Teil der Welt, den meine Gedanken verändern können. Sogar *eingebildete* Krankheiten können würkliche werden. In der übrigen Welt können meine Hypothesen die Ordnung der Dinge nicht stören.« Er ist bemüht um »Aufrichtigkeit«, er will das »moralische Selbst« nicht »nach einem einfältigen philosophischen Polizei-Formular beschreiben, auf dass der Menge kein Schaden geschieht«. Dennoch hat man festgestellt, Lichtenberg sei »mit seinem Leben nie zu Rande gekommen, geschweige mit seiner Beschreibung«.

Lichtenberg habe, schreibt der Pathograf, »den Buckel in seinen Schriften ebenso versteckt wie im wirklichen Leben«. Es ist überliefert, dass Lichtenberg bei seinen Vorlesungen an die Tafel schreiben konnte, ohne seinen Zuhörern seinen Rücken, das heißt den Buckel, zuzukehren. Beim

Betreten des Auditoriums sei er immer der Wand nachgeschlichen und habe darauf geachtet, dass man seine Figur nicht von hinten gesehen habe. Diese sich selbst sichernde Haltung sollen Zeitgenossen als »verschroben und als unter Lichtenbergs Niveau empfunden« haben. Das ängstliche Verbergen nennt man sein »Buckel-Tabu«, aber warum hätte er ihn zeigen oder zur Schau stellen sollen?
Lichtenberg notiert: »Jedes Gebrechen im menschlichen Körper erweckt bei dem, der darunter leidet, ein Bemühen, zu zeigen, dass es ihn nicht drückt: der Taube will gut hören, der Klumpfuß über rauhe Wege zu Fuß gehen, der Schwache seine Stärke zeigen, usw. So verhält es sich in mehreren Dingen.«
In diesem Zusammenhang ist Lichtenbergs Stellungnahme gegen die zu seiner Zeit durch den Zürcher Pfarrer Johann Heinrich Lavater populär gewordene Physiognomie von besonderem Interesse. Lichtenbergs Position gegen die Physiognomie, die bekanntlich davon ausgeht, dass man vor allem von den Gesichtszügen auf den Charakter eines Menschen schließen könne, ist sehr entschieden: »Ich wollte hindern, dass man nicht zu Beförderung von Menschenliebe physiognomierte, so wie man ehmals zu Beförderung der Liebe Gottes sengte und brennte.« Man glaubte, Lichtenbergs Attacke gegen die Physiognomie sei »ein verzweifeltes Plädoyer für sich selbst, den Misswüchsigen«, fügte dann aber hinzu, dass sie auch als »Ausdruck einer wahrhaft aufgeklärten Gesinnung« verstanden werden könne. In Lichtenbergs Text findet sich der Satz: »Hüte dich vor den Gezeichneten ist ein Schimpfwort, denen die Gezeichneten, von einer gewissen Klasse der Nicht-Gezeichneten in der Welt seit jeher ausgesetzt gewesen sind. Mit größerem Recht könnten also die Gezeichneten sagen: hüte dich vor den Nicht-Gezeichneten.«

»Vater des deutschen Aphorismus« wird Lichtenberg manchmal genannt. Nur, das waren heimliche Aphorismen, die zu seinen Lebzeiten unveröffentlicht blieben. Der zitierte Aphorismus zur eigenen Meinung des Gebrechlichen beispielsweise stammt aus einem Sudelbuch, dessen handschriftliches Original sogar verschollen ist. Es wurde rekonstruiert aus anfangs des 19. Jahrhunderts veröffentlichten vermischten Schriften und Fragmenten Lichtenbergs.
Die Aphorismen – die einen haben maximal zweitausend, die anderen minimal zweihundert gezählt –, Lichtenbergs Einfälle, geflügelte Worte, Gedankenblitze oder »Pfennigs-Wahrheiten«, wie er sie selbst nannte, sind mit seinem Leben verbunden. Aphoristiker, Kleinkünstler, bringt man oft mit sozial benachteiligten Menschen in Verbindung. Durch seine Vorgehensweise bezweifelt der Verfasser von Aphorismen ein universales Weltbild. Bagatellen sind für ihn bedeutsam. Gerade der erwähnte Aphorismus »Sobald einer ein Gebrechen hat, so hat er eine eigene Meinung« löst gewöhnlich eine Spaltung der Interpretation aus. Die einen

beginnen die Schilderung von Lichtenbergs Philosophie mit seiner Gestalt, seiner »Missgestalt«, andere lehnen dies mehr oder weniger explizit ab, bringen Lichtenbergs Aussehen irgendwo distanziert in ihren Texten zwischendurch unter. Beide Deutungsstrategien, das Aufsehen oder Abwiegeln, setzen sich einer symbolischen Verklärung aus. Sie gipfelt jeweils in der folgenden gängigen Bewertung: Der »elende Körper« werde durch den glänzenden Geist beherrscht und überwunden. Lichtenberg dagegen empfand, dass nicht sein Geist, sondern sein »leidiger Körper« ihn zum »Nonkonformisten« mache. Sein Aphorismus benutzt die provokative Umkehrung. Das ist nicht nur Taktik oder Karikatur, sondern eine Reaktion auf die Gewalt der Normalität aus der Perspektive eines sich bedroht Fühlenden. Nur so kann der Aphorismus zum Anlass werden für Differenzierungen.

Nachdem zu Beginn des 20. Jahrhunderts unter dem Titel »Aphorismen« die nach den Handschriften und erstmals wissenschaftlich edierten Sudelbücher vorlagen, wurde Lichtenberg wiederentdeckt. Und in den Dreißiger- und Vierzigerjahren wurde mehr und mehr der Buckel als besonderes Kennzeichen zum Maß des Menschen. Kurt Tucholsky und Carl von Ossietzky erklärten Lichtenbergs »Größe aus seinem Buckel. Das war auch als geheime Polemik gedacht«, schreibt ein Interpret. Lichtenbergs Buckel passte nicht zu einem deutschen Dichter – es wurde versucht ihn »für die Opposition gegen die Nationalsozialisten in Dienst zu nehmen«. Nach 1945 wurde der Umgang mit Lichtenberg entpolitisiert, zugleich aber auch wieder »schlechte Behinderten-Psychologie« betrieben. Die Heroisierung wie die Dämonisierung mündeten in eine oft versöhnende Verallgemeinerung: »Lichtenberg hat einen Buckel, und die Menschen sind aus ›krummem Holz‹ gemacht.« Da fügt sich der ausgleichende, Unterschiede verwischende Slogan »Alle sind behindert« ein. Der zuvor genannte Interpret schreibt zum Umgang mit Lichtenberg: »Seine Biografen sind uneins, wie er seine Leiden ertrug: mit Geduld, gar mit Humor oder resigniert, ja apathisch.« Die falsche Alternative ignoriert die existenzielle Atmosphäre.
Doch auch Lichtenbergs eigene Widersprüche können nicht geglättet werden. Er hatte selbst Vorurteile, gegen Franzosen, Holländer und Juden. Er interessierte sich für Kuriositäten – in einem Romanprojekt wollte er sich mit einer Zwillings-»Missgeburt« beschäftigen. Er entlarvte Plattitüden, war aber Monarchist im Zeitalter der Aufklärung. Er hatte große Angst blind zu werden und brachte deshalb Blindheit in fatale Verbindung mit dem Tod. Es ließen sich weitere partielle Belege zusammenstellen, deren Ziel sein könnte, die Sicherheit der nachträglichen Erwartungen und Interpretationen zu irritieren.
Eine Exhumierung von Lichtenbergs Grab ergab 1983, dass am mutmaßlichen Skelett keine Kleinwüchsigkeit oder »Missgestalt« feststellbar war.

Der Pathograf nennt die Exhuminierung, die er selbst angeregt hatte, »misslungen«. Sie erscheint wie ein Parodie: Lebt Lichtenberg nur in unserer Vorstellung als Philosoph und Physiker mit Buckel? Dabei bleibt umstritten, ob überhaupt Lichtenbergs Leiche ausgegraben wurde. Das nachträgliche Verschwinden der von Zeitgenossen überlieferten Behinderung Lichtenbergs karikiert die Untersuchung und Würdigung.

Anmerkung

Die Pathografie schrieb Horst Gravenkamp: »Geschichte eines elenden Körpers, Lichtenberg als Patient«, Lichtenberg-Studien Band II. Wallstein Verlag Göttingen 1989. Die Porträts Lichtenbergs stellten Bernd Achenbach und Ulrich Joost: »Lichtenbergs äußere Erscheinung«. Eine kritische Ikonografie, Lichtenberg-Studien Band I. Wallstein Verlag Göttingen 1991, zusammen. Siehe dazu auch die rororo-Bildmonografie von Wolfgang Promies: »Lichtenberg«. Reinbek bei Hamburg 1964. Der erwähnte Interpret heißt Dieter Lamping: »Lichtenbergs literarisches Nachleben«. Vandenhoeck & Ruprecht Göttingen 1992. Georg Christoph Lichtenberg: Schriften und Briefe, 6 Bände. Zweitausendeins Frankfurt a.M. o.J.

6

Die von der Natur benachteiligte Hofdame der Herzogin

Die Bleistiftskizze, die wie mit flüchtiger oder zittriger Hand gezeichnet wirkt, stammt von keinem Geringeren als Goethe. Am rechten Rand ist ein Sessel und ein Fensterrahmen angedeutet, links ein Gegenstand, der in der oberen Hälfte noch am ehesten mit einer Zimmerpflanze zu vergleichen ist, während er in der unteren wie ein abgesägter Ast aussieht. Im Zentrum zeigt die Skizze eine kleine, leicht gebückte Frau in einem langen Kleid mit Rüschen an den Oberarmen. Das Gesicht im Profil ist sorgsam wiedergegeben und klar konturiert. Dessen Ausdruck freundlich, fast fröhlich und aufmerksam. Die Frau, mit hoch gesteckter Frisur oder Perücke, steht an einem Tisch, dessen Höhe ihr bis zur Brust reicht. Auf dem Tisch, der mit einem Tuch bedeckt ist, das bis zum Boden reicht, steht ein Glas und ein viereckiges Schächtelchen. Die Frau schreibt mit einem Federkiel.

Von Louise von Göchhausens (1752-1807) Hand, lässt sich im Lexikon nachlesen, stamme die einzige Abschrift, in der Goethes »Urfaust« überliefert ist. »Die vergilbten Seiten mit der zierlichen Handschrift der Göchhausen gehören heute zum kostbarsten Besitz des Goethe- und Schiller-Archivs in Weimar«, ergänzt der Literaturkritiker, der sich dem alltäglichen Leben im klassischen Weimar widmete. Louise von Göchhausen habe den »Urfaust« bei Kerzenschein heimlich abgeschrieben, denn Goethe beseitigte bei Veröffentlichung des ersten Teils 1808 die Urfassung, deren »unmittelbarste, packendste Gestalt« dann im Nachlass der Göchhausen 1887 entdeckt wurde.

In einem Weimarer Reiseführer heißt es, dass zu den literarischen Teestunden der Herzogin Anna Amalia neben Wieland und Herder öfter auch Goethe eingeladen gewesen sei, »und bei denen man geistreichelt, vor allem, wenn Fräulein von Göchhausen dabei ist, eine Hofdame, die Charlotte von Stein an Verstand womöglich überlegen, aber ein Krüppel war«. Die Einladungen, meistens samstags, organisiert von Amalias Hofdame Louise von Göchhausen, mit von ihr zubereiteten »Freundschaftsbrötchen« und Kaffee, hätten zu den »vergnügtesten Geselligkeiten« Weimars gehört. Die Gäste waren verpflichtet, in Form von Gedichten, Geschichten oder Anekdoten etwas zur Unterhaltung beizutragen. Der Literaturkritiker fügt hinzu, dass Louise von Göchhausen Goethe natürlich nicht mit ihren »fraulichen Reizen« beeindruckt habe: »Aber vielleicht war es gerade dieses Außergewöhnliche, das Fehlen des erotischen Fluidums, das ihn fesselte und ihr, der Unscheinbaren, von Natur Benachteiligten, schenkte, was sonst nur bevorzugten Frauen zuteil ward: Goethes Sympathie und Freundschaft.« Sie wird zeitweise seine Sekretärin, und Goethe »diktierte der Göchhausen mit dem lebhaftesten Muthwillen«, wie er selbst schrieb, Gelegenheitsgedichte und anderes.

Louise von Göchhausen wird 1752 in Eisenach geboren. Sie ist die Tochter des dortigen Schlosshauptmanns. Der Biograf beginnt die Lebensbeschreibung mit einer Geschichte, die an einem kalten Oktobertag 1762 ihren Ausgangspunkt hat. Es handelt sich um einen Kindertanzabend. Als letztes Paar erscheint der dreizehnjährige Hildebrand von Einsiedel aus Weimar, »weißseiden von Kopf bis zu den leichten Schnallenschuhen«, mit der Tochter des Hauses. »Da trippelte das Persönchen neben dem großen Jungen, kaum reichte sein Arm zu dem Händchen herab, das er zierlich hielt. Ach! und trotz dem koketten Kleidchen mit dem viereckigen Dekolletee, der engen Schnürbrust und den hochgetürmten Haaren enthüllt sich mit betrübender Deutlichkeit die kleine Missgestalt. Denn Louise von Göchhausen war bucklig. Der Kopf saß viel zu groß, fast ohne Hals, auf dem zurückgebliebenen Körper. Und es war nicht zu hoffen, dass sich dies je ändern würde.«
Es kommt zu einem Zwischenfall beim Zeremoniell, Außenstehende rufen durch ein Fenster im Chor: »Höckerliese, Höckerliese.« Louise bricht in Tränen aus, der Vater nimmt sie entgegen der Etikettenordnung in die Arme. Der schöne Junge muss sich eine andere Tanzpartnerin suchen. Die vornehme Mutter ist entsetzt, sie fühlt sich »vom Himmel« bestraft. Der Vater will seine Tochter vor weiteren Kränkungen schützen und setzt in der Folge auf eine gute Erziehung. Er redet mit Pfarrer Helfer, der Louise eines Tages, »in einem pelzverbrämten Mantel, der ihre Missgestalt so ziemlich verbarg« in ein düsteres vergittertes Haus, in ein Asyl, mitnimmt. Louise ist verstört über die vielen unsauberen, alten, gelähmten, blinden, tauben Männer. Der Pfarrer preist die Moral an: »Sie sehen, mein Kind, wie reich Sie sind. Was bedeutet da so ein kleiner Schaden, eine Unebenheit der Schulter. Ein Nichts!« Louise antwortet unerschrocken: »Aber die Gänse lachen darüber.«
Darauf erstattet Pfarrer Helfer dem »bekümmerten Vater« Bericht: »Sie ist klug und lernbegierig, sie wird ihren Weg finden, nur ... auf weltliche Weise! Sie hat ein spitzes Zünglein.« Der Vater sagt: »Ja, man muss es ihr zubilligen. Auch die Biene hat ihren Stachel. Jede Kreatur braucht eine Waffe.«
Der Schlosshauptmann wird nach Weimar versetzt. Seine Tochter soll der Herzogin vorstellt werden. Diese, selbst klein, überlegt sich, ob sie

Louise als Vorleserin engagieren soll. Man sagt ihr: »Ihre Erscheinung hat nichts Empfehlendes.« Sie erwidert: »Tant mieux, so wird sie mir nicht durch Amouren lästig fallen.«

1775 wird Louise von Göchhausen als Hofdame der Herzogin Anna Amalia angestellt. Sie bezieht zwei Zimmer in der heimeligen Mansarde des Wittumspalais. An den Wänden sollen Bilder schöner Frauen gehangen haben, als »ihr neidlos bewundertes Traumbild«, wie der Literaturwissenschaftler kommentiert und glaubt einfach ergänzen können: »Sie denkt gar nicht daran, ihr verkümmertes Leben zu vertrauern. Immer gut gelaunt und zum Scherzen aufgelegt, lässt sie sich auch selbst willig necken, beglückt, wenn sie nur im Mittelpunkt des Interesses steht.«
Die Hofdame erhält verschiedene Übernamen: Die Herzogin nennt sie »Thusel«, Wieland, mit dem sie freundschaftlich verkehrt, »Gnomide«, andere »Thusnelda« oder »Kreuzspinne«. Schiller schreibt von einem »verwachsenen und mokanten Geschöpf«. »Macht man sie schon zur ›Hofnärrin‹, dann will sie es auch ganz sein«, behauptet der Literaturkritiker.

Der Biograf imaginiert eine Begegnung mit dem Märchendichter Musäus, der berichtet, dass er einem neuen Märchen auf der Spur sei, unter dem Titel: »Ulrich mit dem Bühel«. Anna Amalia fragt nach, was Bühel bedeute. Musäus antwortet: »Buckel, Eure Durchlaucht, auch Höcker benamst. Der Held, ein Ritter von Klettenberg, ist mit diesem Segen begabt und wird seiner Bürde ledig durch ein Verkettung trauriger und fröhlicher Umstände.« Die beim Gespräch auch anwesende Louise von Göchhausen sagt: »Das Rezept möchte ich haben.« Der Biograf setzt folgenden Satz hinzu: »Der gutmütige Mann wurde sich seiner Taktlosigkeit bewusst und erschrak aufs Tiefste.«

Aber eines Tages lässt sie der Biograf vor einen Spiegel treten und erwägen: »War dies ihre Gestalt, fließend in den Formen, von sanften Falten zugedeckt, die Ungestalt verwandelt wie durch gütigen Zauberspruch ...?« Die Frage bleibt unbeantwortet. Im Gegenteil, sie löst neue aus: »Aber kann man dies Leben immer zum Lächeln zwingen, zum Wegspotten aller tieferen Gefühle? Zum Wegleugnen der Tragik?« Oder weiter: »Warum nur, dachte sie, ist man in das Gehäuse gebannt, das einem das Schicksal zudiktierte am Tage der Geburt; in die unscheinbare Körperhülle, die nichts gemein hat mit dem inneren Gehalt? Wer wusste, dass die ›neckische Gnomide‹ mit dem Spottnamen Thusnelda, die ihre Missgestalt kraft ihres Willens als leichte Bürde trug, innerlich schön war wie Corona Schröter, empfindsam klug wie Charlotte von Stein, leichtsinnig kokett wie Emilie von Werthern? Keiner sah ihr Gesicht in dieser Nacht, das in Anmut leuchtete, ihre kleinen weißen, so wohlgebildeten Füße, die sich nackt in den warmen Rasen schmiegten. Niemand wusste von den Schauern ihrer Weiblichkeit, die sie durchströmten und ihr Bilder vormalten, die der Tag verlachen würde. War sie verliebt?« Nein, »sie kannte ihren Weg«.

Im Theater arbeitet sie häufig als Souffleuse. Sie steht aber auch gern selbst auf der Bühne eines Liebhabertheaters. »Da ist sie in ihrem Element«, notiert der Literaturkritiker, »wenn es auch meist nur kleine Rollen sind, die sie zu spielen hat. In ernsten und tragischen Stücken kann man sie wegen ihrer Gestalt nicht verwenden. Aber in komischen Rollen ist sie unübertrefflich; wenn sie gar eine Karikatur daraus machen kann, werden Rolle und Persönlichkeit eins. Freilich ist ihr nicht immer so heiter zumute, wie es äußerlich scheint. Die Eintönigkeit und Langeweile des Hofdienstes sind ihr ein Greuel.«

1788 begleitet Louise von Göchhausen die Herzogin auf einer längeren Italien-Reise. Sie hat die Korrespondenz zu erledigen. Sie empfindet die Reise in ihr »Wunderland« als ihr großes Glück, und berichtet in ihren Briefen vor allem an Wieland oder Goethe darüber.
Die Rückkehr nach Weimar bringt die Ernüchterung, – nicht so sehr die übliche »Unterordnung und Selbstverleugnung« des Hoflebens, sondern mehr, dass man sie nun los werden will. Man sucht nach einer »Jüngeren, Gefälligeren«. Da ihr eine Pension zusteht, könnte die neue Situation allerdings auch mehr Freiheit bedeuten. Dennoch überwiegt bei Louise von Göchhausen das Gefühl des Ausgestoßenwerdens. Sie weint, die Herzogin geht jedoch auf sie zu, die beiden Frauen bereden nüchtern die Zukunft, da sie ja ein »langes Leben gemeinschaftlich verbracht« und sich nur selten gestritten haben. Die Herzogin meint: »Mit Grazie entsagen«, das sei die Kunst, wenn man älter werde. Die Schwester des Kammerherrn wird also als neue Hofdame in Dienst genommen.

Die Herzogin ermuntert Louise von Göchhausen zur Organisation des erwähnten »geselligen Kreises«, in ihrer eigenen Regie. Dieser jour fixe am Samstag bürgert sich schnell ein und erfreut sich großer Beliebtheit. In dem Mansarde-Zimmerchen, »mit geschickten Arrangements von Plauderecken und Nischen«, mangelt es nie an Gesprächsstoffen. Die Gesellschafterin führt Jahrbücher über ihre Matineen. Im Übrigen wird Frau Schopenhauer, die Mutter des Philosophen, die Nachfolge antreten und ihre Treffen Thé litéraire nennen.
Louise von Göchhausen stirbt 1807 vereinsamt und verarmt, wenige Monate nach der Herzogin Anna Amalia. Der Biograf stellt sich ihr Lebensende so vor: »Ein schalkhafter Zug lag um den halbgeöffneten Mund, die Zungenspitze war sichtbar. Ein letztes Flüstern, das man nicht mehr verstehen konnte.«

Anmerkung

Der Biograf ist Toni Deneke: »Das Fräulein Göchhausen«. Gustav Kiepenheuer Verlag Weimar o. J. Der Literaturkritiker heißt Fritz Kühnlenz, dessen Buch »Weimarer Porträts« im Greifenverlag Rudolstadt 1993 erschienen ist.

7

Der unansehnliche Maler

In einem altbekannten Ferienort im Berner Oberland, der einzigen Einkaufsstraße entlangschlendernd, vom Bahnhof zum großen Club-Hotel, halte ich absichtslos vor den Auslagen des Foto-Radio-TV-Geschäfts inne. Neben Ansichtskarten, zwischen Fotoapparaten und Feldstechern, Armbanduhren und Swiss Army Messern entdecke ich Motive des Berner Malers und Kupferstechers Gottfried Mind (1768-1814) – kleine Bilder von angesehenen Kopisten des 19. Jahrhunderts in Goldrahmen. »Ringelreihen tanzende Kinder«, 1818, SFR 1900,–; »Knaben beim Schlitteln«, 1823, ohne Preisschild; »Das Blinde-Kuh-Spiel«, um 1832, SFR 980,–.
Typisch ist der ovale Bildaufbau, in der Mitte sind viele pummelige Kinder mit süßlichen Gesichtern gruppiert. Durch die horizontal elliptische Anordnung hat es nach außen hin immer weniger Kinder, dann am Rand, kurz vor dem Rahmen der Passepartouts, nur noch eins, vereinsamt und doch zur Gruppe gehörend. Wieso sage ich aber, dass ich diese dezent kolorierten Lithografien entdeckt habe, wo doch Schaufenster dazu da sind, ihre Gegenstände zur Begutachtung zu präsentieren? Es ist nicht der ungewöhnliche Ausstellungsort, sondern ich hatte ein paar Tage zuvor ein in meinem Wohnort nicht erhältliches Buch mit Blättern Gottfried Minds »nebst einer kurzen Lebensskizze« und einer kleinen Novelle in der Zentralbibliothek in Zürich kopiert, ich erwartete nicht, im Kurort auf Bilder Minds zu stoßen.
Nun erst lese ich in meinen Kopien, dass Gottfried Mind in seiner Heimat der »Berner Friedli« genannt wurde. Sein Zeichentalent deutete man als eine »Erinnerungsbegabung für Leben, das in Bewegung geschaut und in allen seinen Einzelheiten fast unvergesslich gemerkt« werde. In der Kunstgeschichte bezeichne man ihn als »Katzen-Raphael«, weil er, inzwischen vergessen, mit seinen unvergleichlichen Katzendarstellungen berühmt geworden sei. Von seinem Leben könne man dagegen kaum etwas Erfreuliches berichten.

Gottfried Minds Vater war aus Ungarn in die Schweiz eingewandert. Er ließ sich in Worblaufen bei Bern als Tischler nieder, erwarb später das

Bürgerrecht von Pizy im Waadtland. Gottfried, von Geburt an krank, schwach und arm, war sich selbst überlassen. Er soll durch seine großen Hände und Füße und mit einer Kastratenstimme aufgefallen sein. Man habe ihn als »Kretin« bezeichnet – was aber nicht zutreffe, man hat auch bezweifelt, dass er überhaupt »schwachsinnig« gewesen sei. Er trieb sich herum und so traf er den deutschen Landschaftsmaler Legel, der dem Knaben seinen Zeichenstift lieh und ihn verbesserte. Dem Vater gefielen die Zeichnungen weniger, er leitete vielmehr seinen Sohn zum Schnitzen von Holzfiguren an.
Mit acht Jahren kam Gottfried Mind in Pestalozzis Anstalt auf den Neuhof bei Birr im Kanton Aargau. In einem Bericht 1778 heißt es: »Friedly Mynth von Byssi (Mind von Pizy) Amts-Aubonne, sesshaft in Worblaufen, sehr schwach, unfähig zu anstrengender Arbeit, voll Talent zum Zeichnen, die besonders sich auszeichnende Creatur, voll Künstlerlaune, mit einiger Schalkheit begleitet; Zeichnen ist seine ganze Arbeit, anderthalb Jahr hier, 10 Jahr alt.« Außer Zeichnen habe Mind also selbst bei Pestalozzi nichts gelernt, nur mit Mühe habe er seinen eigenen Namen schreiben können.
Bei den Lobreden zu den Gedenktagen Pestalozzis (1746-1827), seinem

phänomenalen Fortleben, fällt mir nachträglich auf, war nie von seinen »Zöglingen« die Rede. Hier habe ich nun also, eine zweite Entdeckung, ein weiterer Zufall, die Gelegenheit, einen davon und Aspekte von dessen Lebenslauf kennen zu lernen.
Bekanntlich scheiterte Pestalozzi mit dem Neuhof.
Mind wurde von dem damals beliebten Genremaler Sigmund Freudenberger in Bern aufgenommen. Mind musste dessen Zeichnungen kolorieren, Freudenberger beutete das Talent Minds aus. »Als Freudenberger einst auf einem ländlichen Genrebilde eine Katze zu malen hatte, starrte Mind, der dem Meister bei der Arbeit zusah, lange das Bild an und sagte dann sich wegwendend in seiner kurzen, groben Art: ›Das ist keine Katz!‹ Lachend gab Freudenberger ihm den guten Rath, eine bessere zu zeichnen, das that Mind, der auf seinen Stuhl zurückgeschlichen war, und zwar mit solchem Erfolge, dass Freudenberger nichts Besseres zu thun wusste, als Minds Katze sofort für sein Gemälde zu übernehmen.«
Als der Meister starb, blieb Mind bei der Witwe, die dessen Zeichnungen veräußerte, ihm aber nur einen »dürftigen Tagelohn« gab. »Kunstfreunde« versuchten erfolglos, Mind »aus seiner trübseligen, einförmigen Umgebung zu befreien«. Der stellvertretend beschwichtigende Kommentar dazu, der namentlich nicht gekennzeichneten biografischen Skizze, lautet: »Mind indessen fühlte zum Glück das Drückende seiner Lage nicht.« Mind starb an Brustwassersucht.
In einem Nachruf 1816, zwei Jahre nach Minds Tod, hieß es: »Unfähig, durch ihr Äußeres Aufmerksamkeit zu erregen, ohne Geschick, sich selbst in der Welt einzuführen und bekannt zu machen, bleiben solche Menschen oft lange in der Dunkelheit verborgen und gelangen gar nicht oder doch immer sehr selten und spät zu einer Art von Berühmtheit, über die sie selbst am meisten sich verwundern.«

Die kleine Novelle des Freiherrn Franz von Gaudy erzählt folgende Geschichte. »Es waren die beiden, ein kaum achtjähriges Mädchen, dessen sanfte, stille Züge sich dereinst auf das Anmutigste zu entwickeln verhießen, das einzige Kind des Kaufmann Wagner, und ein kleiner unansehnlicher Mann von fast widerwärtigem Äußern, welcher bereits die Hälfte der menschlichen Laufbahn durchmessen zu haben schien. Seltsam stach gegen den gewählten Anzug des reichen Kaufmannstöchterchen ihres Gefährten ärmliche, aus groben Stoffen und nach fast bäurischem Schnitt gefertigte Bekleidung ab, welche sich ohngeachtet der kleinen Statur und gebeugten Haltung ihres Besitzers dennoch nirgends zur gehörigen Länge ausdehnen wollte; wundersamer noch contrastirten der schlanke Wuchs, die zarten Glieder, das regelmäßige feine Gesichtchen, die blonden Locken des Kindes mit den starren verwilderten Haaren, den ungeschlachten Zügen des Mannes, welchen die viereckige Stirn, die hervorstehenden Backenknochen, ein unfein geschnittener Mund so wie

das dunkel-braunrothe gefärbte Antlitz ein fast unheimliches Aussehn verliehn, und dessen ungewöhnlich große, plumpe Hände ebenso wenig als das brummende, polternde Organ besonders geeignet waren den abschreckenden Eindruck, welchen er bei dem ersten Anblick machte, zu verwischen. Ein mildes, fast träumerisch blickendes Auge war die einzige versöhnende Gabe, welche die Natur dem körperlich Verwahrlosten gewährt hatte, fast wie im Mährchen wo der boshafte Zauber das anmuthige Königskind wohl in die widerwärtigste Gestalten bannen darf, über der Seele Spiegel, den Blick, aber keine Gewalt hat, und ihm dieses Erkennungszeichen eines höhern, edlern Wesens auch während der Stunden zu lassen gezwungen ist.«
Da über Gottfried Minds Leben wenig bekannt ist, lässt sich seine Figur besonders literarisch ausschmücken. Am geeignetesten scheint dann die Kontrastierung, der äußere Eindruck und der innere Ausdruck, das Anmutige und das Unansehnliche und seine Folgen, die Schönheit und die Seele, fein und unheimlich, repräsentiert durch das Antlitz und das einzig ausgleichende Auge. Alte Vorurteile vereinigen die Faszination und Angst. Vielfach hinterlassen erst sie und ihre Zumutungen die Spuren auf dem Körper und dem Gesicht, die dann als Verbitterung gedeutet werden.

Die existenzialistische Ambivalenz, dass der Blick verdingliche, aber im Bewusstsein des Blicks auch die Anerkennung des anderen entstehe, löst sich auf in der Begegnung, in dem »Von-Angesicht-zu-Angesicht der Menschen«. Im Anschluss an die Phänomenologie und an jüdisches Denken unterscheidet man den Blick, der von der Wahrnehmung regiert werde, vom Antlitz. Wer einem anderen Menschen gegenüberstehe, könne an ihm Ausprägungen der Nase, des Kinns oder die Augenfarbe bemerken. Das sei noch keine soziale Interaktion. »Die Beziehung zum Antlitz kann gewiss durch die Wahrnehmung beherrscht werden, aber das, was das Spezifische des Antlitzes ausmacht, ist das, was sich nicht darauf reduzieren lässt. Zunächst gibt es da die eigentliche Geradheit des Antlitzes, seine gerade, schutzlose Darbietung. Die Haut des Gesichtes ist die, die am meisten nackt, am meisten entblößt bleibt ... Das Antlitz ist exponiert, bedroht, als würde es uns zu einem Akt der Gewalt einladen. Zugleich ist das Antlitz das, was uns verbietet zu töten«, sagt der Philosoph. »Antlitzlosigkeit« heißt dann, den Menschen als so genannten »Fall« zu betrachten, ihn von seiner Lebenswelt zu trennen.

Die adlige Geschichte von Aenneli, der Kaufmannstochter, und Friedli, dem Maler von Katzen, Bären und Kindergruppen, nimmt ihren literarischen Gang. Ein Kunsthändler will den »eigensinnigen, boshaften Zwerg« nach Zürich locken, Aenneli, mit der allein Friedli wirklich spricht, soll vermitteln. Damit Friedli aus den Fängen seiner »hartherzigen, zänki-

schen, geizigen Brotherrin«, die ihm »zur Schlafstelle ein dürftiges, selbst für den Verkrüppelten zu kurzes Kinderbett anwies«, befreit werden könne – in eine andere Abhängigkeit. Friedli weigert sich, denn »ihm war es völlig unbekannt, dass sein Pinsel ... ein goldschöpferischer sei«. Aenneli wird erwachsen und spielt für Friedli, dessen »hülflose Lage« sie nun zu verstehen meint, die »tröstende, wohltätige Fee«.
Doch Aenneli, Annette Wagner, verliebt sich und verlobt sich mit dem stolzen Junker von Bubenberg. Darüber empfindet Friedli einen heimlichen »bittren Schmerz«. Der Junker spricht offen von der »elenden Missgeburt« und der »peinlichen Erinnerung« einer nicht standesgemäßen Beziehung seiner Verlobten.
Eine drastische Entscheidung führt der Windhund des Junkers herbei, er tötet Friedlis Schoßkatze. Darauf gibt Annette Wagner dem Junker den Laufpass. Doch Friedli stirbt ein paar Tage danach.

Anmerkung

»Der Katzen-Raphael« enthält 12 Blätter Katzengruppen nach Gottfried Mind, nebst einer kurzen Lebensskizze Minds und der Novellette »Der Katzen-Raphael« von Freiherrn Franz von Gaudy, erschienen in Berlin im Verlag von E. H. Schroeder 1861. Das philosophische Zitat stammt von Emmanuel Lévinas. Zusätzlich siehe auch: M. Tramer: »Einseitig talentierte und begabte Schwachsinnige«, Zürich 1925 und Adolf Koelsch: »Gottfried Mind«, Zürich 1924.

8

Der Komponist mit fortschreitender Schwerhörigkeit

Seine langen gewellten und widerspenstig wirkenden Haare verdecken auf den Porträts seine Ohren. Meist schaut er ernst und verbreitet eine entschiedene, beinahe grimmige Gestimmtheit – seine Launenhaftigkeit war berühmt-berüchtigt, gewissermaßen der Größe seiner Kompositionen angepasst. Man sagt, er schwankte zwischen Genie und Wahnsinn. Er überraschte durch persönliches Chaos und Erneuerung der Musik, setzte sich über die Kompositionsformalien hinweg und revolutionierte die Kompositionslehre. Er galt als kompromisslos und forderte alles von den Instrumenten und den Musikern. Er habe, so die Charakterschablonen, einen ungepflegten Eindruck gemacht, sei exzentrisch und zugleich introvertiert gewesen. Seine Zeit, die Romantik, idealisierte das Gefühl und er repräsentierte ihr musikalisches Symbol, sodass sein »unbezwingbarer Geist letztlich über sein schweres Schicksal triumphierte«. Es geht um Ludwig van Beethoven (1770-1827).

Ein Wiener Internist und Musikliebhaber schreibt: »Den Erkrankungen Beethovens galt von jeher das besondere Interesse der Öffentlichkeit. Uns berührt seine Taubheit deshalb so sehr, weil man glauben könnte, dass das Gehör bei einem schöpferisch tätigen Musiker durch keinen anderen Sinn ersetzt werden kann. Um so unvorstellbarer ist es deshalb, wie vollkommen sein inneres Klangvorstellungsvermögen offensichtlich erhalten blieb und wie er es seelisch verkraftete, seine reifsten Schöpfungen akustisch nicht aufnehmen und kontrollieren zu können.«
Beethoven hatte zwei jüngere Brüder, vier weitere Geschwister starben kurz nach der Geburt. Die Mutter verschied früh, mit vierzig, an tuberkulöser Schwindsucht. Ludwig blieb sich selbst überlassen, da er sich meist im Freien aufhielt, war er oft erkältet. Manche wiesen hier schon auf seine Nachdenklichkeit hin, andere bezeichneten ihn allerdings als »verschlossen«. Er wurde von seinem Vater unterrichtet, der sich am Wunderkind Mozart orientierte und glaubte aus Beethovens Talent Profit schlagen zu können. Der Vater galt als streng, grausam und war dem Alkohol verfallen.
Mit dreizehn spielte Beethoven erstmals in einer kurfürstlichen Hofka-

pelle. Er fiel auf und wurde beschrieben: »kräftiger, beinah plumper Wuchs«, »kurz gedrungen, breit in den Schultern, kurz von Hals, dicker Kopf, runde Nase, schwarzbraune Gesichtsfarbe«, »ging vornübergebeugt«. Auch die »breit-gewölbte Stirn« fiel auf, die, sagt der Internist, »bei der Erörterung der seine Taubheit betreffenden medizinischen Diagnosen noch von Bedeutung sein wird«.
1787 besuchte Beethoven Wien. Er spielte dem von ihm verehrten Mozart vor, der darauf sagte: »Auf den gebt Acht, der wird einmal in der Welt noch von sich reden machen.« Besonders Beethovens »unerschöpflicher Reichtum an Ideen« hob man hervor. Beethoven ging jedoch nach zwei Wochen wieder nach Hause, nach Bonn, wurde krank und melancholisch. 1792 kehrte er in die Musikmetropole Wien zurück, nahm bei Haydn Unterricht. In Wien fühlte er sich nun wohl, »hielt sich ähnlich wie Mozart ein Reitpferd und passte sich in Kleidung und Lebensstil weitgehend seiner adligen Umgebung an«.
Mitte der Neunzigerjahre des 18. Jahrhunderts begann sein Gehörleiden. »Wenn man auch erst aus Briefen, die Beethoven 1801 verfasste, von seiner beginnenden Schwerhörigkeit erfährt, so kann man doch aus darin enthaltenen zeitlichen Hinweisen schließen, dass er die ersten Anzeichen dieses Leidens schon 1796 bemerkt haben dürfte. Es ist bemerkenswert, dass diese für einen Musiker doppelt bittere Erkenntnis in seinen Kompositionen zunächst keinen Niederschlag gefunden zu haben scheint. Sind doch gerade in dieser Zeit die eher heiteren Klaviersonaten op. 10 und das geradezu ausgelassene Klaviertrio in B-Dur op. 11 entstanden, dessen vorlautes, keckes Motiv des letzten Satzes diesem Kammermusikwerk den Namen ›Gassenhauer-Trio‹ eingetragen hat. In Wahrheit dürfte Beethoven allerdings zu dieser Zeit psychisch bereits durch Phasen depressiver Stimmungen belastet gewesen sein ... Die Angst, das Bekanntwerden seines Gehörleidens könnte seiner bisher so erfolgreichen beruflichen Entwicklung und Förderung in Wien schaden, und andererseits die Hoffnung, es könnte doch noch eine Wendung zum Besseren eintreten, veranlassten ihn, dieses Geheimnis niemandem, auch nicht seinen besten Freunden, anzuvertrauen. Erst im Jahr 1801, als ihm das Gespenst drohender Ertaubung zur Gewissheit geworden war, weihte er zwei seiner engsten Freunde in seinen Krankheitszustand ein«, kommentiert der Internist. Was heißt »Gespenst drohender Ertaubung«?
An seinen Freund, den Geiger Karl Amenda, schrieb Beethoven, dass er »sehr unglücklich« lebe, denn »der edelste Teil«, sein Gehör, habe stark nachgelassen. Obwohl es ständig schlimmer geworden sei, habe er es bisher verschwiegen und er bitte ihn, die »Sache« mit dem Gehör als »ein großes Geheimnis« zu bewahren. Einem Jugendfreund in Bonn schrieb Beethoven ebenfalls 1801, dass sein Gehör »seit drei Jahren immer schwächer geworden« sei, er nannte seine schlechte Gesundheit in diesem Brief einen »neidischen Dämon«. Und er berichtete, dass seine

Ohren »sausen und brausen Tag und Nacht« sowie: »Ich kann sagen, ich bringe mein Leben elend zu, seit zwei Jahren fast meide ich alle Gesellschaften, weil's mir nicht möglich ist den Leuten zu sagen: Ich bin taub. Hätte ich irgendein anderes Fach, so ging's noch eher, aber in meinem Fach ist das ein schrecklicher Zustand.« Dabei erwähnte er den Vorzug seiner Zerstreutheit, der die Leute es zuschreiben würden, wenn er nicht reagierte auf ihre für ihn zu leise gesprochenen Worte. Auch diesen Brief schließt er mit der Bitte, niemandem davon zu erzählen. Beethoven ist verzweifelt, – und die Menschen um ihn herum wissen kaum warum.
Der Internist bemerkt: »Der innere Kampf mit seinem gesundheitlichen Schicksal hat Beethovens charakterliche Eigenschaften, vor allem sein wachsendes Misstrauen, seine krankhafte Empfindlichkeit und seine Streitsucht, ohne Zweifel mitgeprägt. Es wäre jedoch falsch, die negativen Merkmale im Benehmen Beethovens ausschließlich mit seiner zunehmenden Taubheit erklären zu wollen, da sich viele Besonderheiten seines Charakters schon in seiner Jugend zu erkennen gaben. Die wesentliche Ursache seiner überstarken Reizbarkeit, seiner Streitsucht und seines bis an die Grenze der Arroganz gehenden herrischen Wesens dürfte aber wohl in der unvorstellbaren Intensität seiner Arbeitsweise, mit der er durch äußerste Konzentration seine Ideenwelt zu bändigen versuchte und mit der Anstrengung eines Riesen die größtmögliche Verdichtung seiner schöpferischen Einfälle anstrebte, gelegen sein.«
Im berühmten »Heiligenstädter Testament«, das sich im Nachlass fand, ging Beethovens Verzweiflung sehr weit, »es fehlte wenig, und ich endigte selbst mein Leben«. Doch hat man festgestellt, dass er zur gleichen Zeit, 1802, »die unbeschwerte, heitere zweite Sinfonie« schuf. Im »Testament«, gerichtet an seine Brüder, berichtete Beethoven auch, dass es ihm unmöglich sei, »den Menschen zu sagen: Sprecht lauter, schreit, denn ich bin taub; ach wie wär's möglich, dass ich dann die Schwäche eines Sinnes angeben sollte, der bei mir in einem vollkommeneren Grade als bei anderen sein sollte, einen Sinn, den ich einst in der größten Vollkommenheit besaß, in einer Vollkommenheit, wie ihn wenige von meinem Fache gewiss haben, noch gehabt haben. Oh, ich kann es nicht, drum verzeiht, wenn ihr mich da zurückweichen sehen werdet, wo ich mich gerne unter euch mischte, doppelt wehe tut mir mein Unglück, indem ich dabei verkannt werden muss; für mich darf Erholung in menschlicher Gesellschaft, feinere Unterredungen, wechselseitige Ergießungen nicht statthaben, ganz allein fast nur soviel als es die höchste Notwendigkeit fordert, darf ich mich in Gesellschaft einlassen, wie ein Verbannter muss ich leben; nahe ich mich einer Gesellschaft, so überfällt mich eine heiße Ängstlichkeit, indem ich befürchte, in Gefahr gesetzt zu werden, meinen Zustand merken zu lassen.« In den folgenden acht Jahren erwähnte Beethoven sein Gehörleiden nicht mehr, ignorierte und verheimlichte er es erfolgreich? In diesem Sinn hat man der Niederschrift des »Heiligenstäd-

ter Testaments« therapeutische Funktion zugesprochen. Doch Beethoven zog sich zurück, – oder er las von den Lippen das Notwendigste ab.
Goethe diagnostizierte in einem Brief 1812: »Sehr zu entschuldigen ist er (Beethoven) hingegen und sehr zu bedauern, da ihn sein Gehör verlässt, das vielleicht dem musikalischen Teil seines Wesens weniger als dem gesellschaftlichen schadet. Er, der ohnehin lakonischer Natur ist, wird es nun doppelt durch diesen Mangel.«
Der Internist schreibt: »Seit dem Jahr 1815 tauchten in seinen Briefen auch wieder Klagen über seine zunehmende Schwerhörigkeit auf. Etwa seit 1813 hatte sich auf dem rechten Ohr eine Taubheit entwickelt, während links wohl noch ein Rest einer Hörfähigkeit bestanden haben dürfte. Dies ist auch der Grund dafür, dass Beethoven die verschiedenen mechanischen Hörhilfen vorwiegend für das linke Ohr verwendete. Johann Nepomuk Mälzel, der Erfinder des Metronoms, hatte bereits 1812 vier verschiedene Hörrohre für den Meister gebaut, von denen Beethoven allerdings nur eines akzeptierte. In seiner Verzweiflung fertigte er sich schließlich zusätzlich einen langen Holzstab an, dessen eines Ende er zwischen seine Zähne nahm und mit dem anderen Ende er den Kontakt zum Resonanzboden seines Klaviers herstellte. Alle diese Versuche waren natürlich nur sehr beschränkt imstande, sein Hörvermögen nennenswert zu verbessern. Da ihn die Töne seines Hammerklaviers selbst im Fortissimo kaum mehr erreichen konnten, bat er den Klavierbauer Johann Andreas Streicher, an seinem Flügel einen schallverstärkenden Apparat anzubringen. Durch einen die Schallwellen reflektierenden Aufsatz in der Art eines Souffleurkastens, unter den er sich beim Spielen setzte, versuchte er eine Verstärkung der Töne zu erreichen. Im Jahr 1814 zeigten sich erste Schwierigkeiten beim Klavierspiel. Seine Virtuosität ging infolge seiner Schwerhörigkeit mehr und mehr verloren.« Es ist überliefert, dass Beethoven sich stets für die neuste Technik im Klavierbau interessierte. Zudem mussten die Instrumente laut klingen.
»Zum Zeitpunkt der Fertigstellung der ›Hammerklavier-Sonate‹, etwa ab dem Jahr 1818, war Beethoven selbst unter Zuhilfenahme von Sprachrohren eine mündliche Konversation allmählich nicht mehr möglich, so dass eine Verständigung mit der Außenwelt von nun an nur noch durch schriftlichen Meinungsaustausch über seine berühmten Konversationshefte möglich war«, fügt der Internist hinzu. Beethoven selbst berichtete: »Baumwolle in den Ohren am Klavier benimmt meinem Gehör das unangenehm Rauschende.«
Die Uraufführung der neunten Sinfonie 1824 dirigierte der gehörlose Beethoven selbst, »doch hatte man vorher alle Musiker und Sänger instruiert, auf Beethoven selbst nicht zu achten und nur den Tempoanweisungen des an seiner rechten Seite stehenden Kapellmeisters Umlauf zu folgen«. Auf den Applaus reagierte Beethoven nicht.
In einer Zeitschrift konnte man lesen, dass Beethovens jahrelangen An-

strengungen gegen den »Schwund seines Gehörsinns« mit Hilfe verschiedener Mittel und Quacksalbern »zum Glück« erfolglos geblieben seien: »Denn mit fortschreitender Ertaubung wächst die musikalische Besessenheit des Meisters ins Gigantische.«
Viele medizinische Berichte befassen sich oft spekulativ mit Beethovens Krankheiten und Hörstörung. So zum Beispiel behauptete man, Beethoven habe sich bei einem Wutanfall, bei dem er sich zu Boden warf, den Gehörnerv verletzt und sei plötzlich ertaubt. Andere meinten hingegen, die Schwerhörigkeit resultiere aus einer Syphilis, dabei haben die Obduktionsbefunde darauf keinerlei Hinweise gegeben, zudem spricht der »schleichend beginnende, langsam fortschreitende und ganz allmählich zur kompletten Ertaubung führende Verlauf« dagegen. Die Hörstörung wurde auch in Zusammenhang mit einer »Pagetschen Erkrankung« gebracht, einer Knochenerkrankung, die vor allem den Schädel angreift. Und hier erfolgte dann der Hinweis auf Beethovens Stirn und seine gebückte Haltung. Doch durch die Wiederauffindung und Untersuchung von Schädelknochen ist diese Theorie widerlegt. Am ehesten handele es sich bei Beethovens Gehörleiden nach Auffassung des Internisten um eine chronische Entzündung der Hörnerven, um eine Innenohr-Hörnerven-Schädigung, ausgelöst eventuell durch eine ursprüngliche Typhus-Erkrankung, allerdings mussten weitere Infektionen hinzugekommen sein. Denn, konstatiert der Internist: »Bei seinen Vorfahren und Geschwistern lassen sich keine Gehörerkrankungen eruieren.« Beethovens allgemeiner Gesundheitszustand, seine Bauchbeschwerden oder die Schädigung der Leber durch regelmäßigen Alkoholkonsum, beeinflusste die Hörfähigkeit, aber die fortschreitende Schwerhörigkeit, das »erschütternde Ereignis schlechthin im Leben Beethovens«, überdeckte die anderen chronischen Leiden. In ähnlicher Art und Weise wird mit den Charakteretikettierungen »depressiv, übergelaunt und gereizt« der überflüssige Versuch verhüllt, Beethovens Musik von seiner Person loszulösen.

Anmerkung

Der Wiener Internist und Musikliebber, auf dessen Ausführungen ich mich stütze, heißt Anton Neumayr: »Musik & Medizin 1, Ludwig van Beethoven«. Jugend und Volk-Edition Wien 1995, 6. Auflage, S. 121-187.

9

Der Lord mit lahmem Fuß

Zweifellos zeigt die Radierung einen feingliedrigen Studenten, auch wenn die voluminöse, mit großen Mustern goldbestickte und -gesäumte Robe wesentliche Teile seiner Figur verdeckt. Niemand kann ahnen, dass der junge Mann vor kurzem noch korpulent war. Aus dem großen weißen Kragen ragt ein dunkel gelockter, schmaler Kopf im Profil, die Mundwinkel sind leicht gesenkt, sie lassen einen auf eine lockere oder hochnäsige Haltung schließen. Das Gesicht ist fein konturiert, genauso wie die graziösen Hände. Die Unterarme durchbrechen die Robe im Mittelteil, die linke Hand hält sie zusammen an Stelle eines Gürtels oder der Knöpfe, die rechte präsentiert seitwärts nach unten salopp einen typischen akademischen Hut. Die Robe reicht bis zum Boden. Die Füße sind nur knapp zu sehen, der linke von vorne, in einem Schuh, der einem Pantoffel gleicht, vom rechten, der nach rechts gestellt ist, nur die Spitze. Die Füße wirken klein im Vergleich zur ganzen Statur, fast zart.

Zur »Prädestination« des schottischen Dichters Lord Byron (1788-1824) schreibt ein französischer Schriftsteller in seiner bekannten Biografie: »Das Kind war von Angesicht ebenso schön wie sein Vater, als es aber in das Alter kam, in dem ein Kind laufen lernt, bemerkte seine Mutter mit Schrecken, dass es hinkte. Seine Füße waren normal geformt, die Beine von gleicher Länge, wenn das Kind jedoch die Ferse aufsetzt, verdrehte sich der Fußknöchel. Es konnte sich nur auf den Zehenspitzen aufrecht halten. Die Ärzte, die hinzugezogen wurden, machten ein falsches Handhaben der Entbindung verantwortlich, das in dem ungewöhnlichen Schamgefühl der Mrs. Byron seinen Grund gehabt habe. Die Knöchelsehnen schienen gelähmt. Der Arzt von Aberdeen korrespondierte mit dem großen Entbindungsspezialisten in London. Der ließ ein Paar Spezialschuhe anfertigen und schickte sie nach Schottland, aber der kleine Byron hinkte weiter ... Schon durch seine Familie war er von den anderen unterschieden, wie viel mehr noch war er es durch seine Schwäche. Warum ließen ihn seine Beine im Stich? Er fühlte eine so große Scham darüber, dass er diese Frage niemals stellte.«
Der kleine, rothaarige Byron wurde wütend, wenn jemand auf seinen

Gang zu sprechen kam. Er schlug sich mit Mitschülern, die ihn verspotteten. In der Stadt nannte man ihn »den kleinen hinkenden Teufel der Mrs. Byron«. Einer seiner Lehrer meinte, dass er »trotz seiner körperlichen Schwäche großen Mut« zeige. »Ja, er war leidenschaftlich und schüchtern zugleich. Wenn er an sein Hinken dachte, an seinen hüpfenden Gang, fühlte er sich lächerlich und beschämt. Er hätte sich verstecken, verschwinden mögen«, bemerkt der französische Schriftsteller.
Von seiner Mutter behauptete Byron, sie habe ihn verwünscht. Für sie war das Hinken mit dem Adelstitel unvereinbar. Sie veranlasste schmerzhafte, grausame Behandlungen, ließ die Füße ihres Sohnes gewaltsam verrenken und hart bandagieren, in hölzerne Schienen festschrauben, in der Absicht sie zu heilen. Byron verhielt sich heroisch, auch wenn er gerade dabei seine Mutter zu verachten begann, er ließ sich seine Schmerzen »nicht allzusehr anmerken«. Später schrieb er: »Der wesentliche Sinn des Lebens ist Gefühl. Zu fühlen, dass wir sind und sei es durch den Schmerz.«
Ein anderer Biograf berichtet, dass vom Vater Byrons nur ein einziger Satz aus einem Brief über seinen Sohn überliefert sei: »Was meinen Sohn betrifft, so freut es mich zu hören, dass es ihm gut geht, aber sein Gang ist unmöglich, er hat einen Klumpfuß.« Der ständig abwesende Vater meint den rechten Fuß, der kürzer und nach innen gedreht war, der auf der Radierung von der Robe halb verdeckt, aber nach außen gerichtet ist. Der eben erwähnte Biograf kommentiert anschließend: »Man kann darüber streiten, welcher Einfluss weiterreichender und folgenreicher für das Leben des Dichters war, der Einfluss, der von seinen Familienverhältnissen und seiner Erziehung ausging, oder die Wirkung, die der Umstand auf den jungen Byron ausübte, dass sein Fuß verkrüppelt war. ... Als junger Mann gewöhnt er sich eine eigentümlich gleitende Gangart

an, die sein Leiden, so gut es geht, verbergen soll.« Byron wählte mit besonderem Geschick Sportarten, bei denen seine Behinderung nicht auffiel, Schwimmen und Reiten.
Er hatte Angst, sich vor fremden Menschen zu bewegen. Dass sein Hinken »Überraschung und Mitleid« hervorrief, verunsicherte ihn. »Aber seine Schwäche trug dazu bei, seine Besonderheit zu formen«, folgert der französische Schriftsteller. Doch den Kompensationsgedanken, vorgeschlagen von seinem Pfarrer, will Byron nicht anerkennen: »Was mich dieses (zeigt auf seine Stirn) über den Rest der Menschheit hinaushebt, so gibt mir jenes (er zeigt auf seinen Fuß) einen Platz sehr sehr tief unter den Menschen.« Der andere Biograf ergänzt: »Seinen lahmen Fuß hasst er geradezu, in wilden und bitteren Ausdrücken spricht er über sein Gebrechen, manchmal erwägt er sogar, sich dieses schmähliche Glied amputieren zu lassen, aber er befürchtet, dann nicht mehr schwimmen zu können.« Byron verglich sich mit dem Theaterhelden Richard III. von Shakespeare.

Knapp über zwanzig veröffentlichte Byron einen vielbeachteten Gedichtband, dann eine Verserzählung in mehreren Gesängen, »Childe Harolds Pilgerfahrt«, die ihn berühmt machte. Er lernte und beeindruckte nun durch vornehmes Auftreten. Nicht etwa plötzlich entsprachen sich Werk und Autor, es kam vielmehr zu einer Umdeutung in der Wahrnehmung. Der französische Schriftsteller postuliert: »Selbst seine körperliche Behinderung erhöhte nun das Interesse, das man ihm entgegenbrachte«. Aber Byron blieb misstrauisch. Man taxierte ihn als hochmütig.
Er heiratete Annabella Milbanke. »Sie hatte an ihrer Seite einen zugleich bedeutenden und naiven Menschen«, schreibt der französische Schriftsteller und fährt fort: »Er war von einer schmerzgepeinigten Empfindsamkeit, einem beinahe unglaublichen physischen und moralischen Egoismus. Er redete unaufhörlich von seiner Gesundheit, seinem ausgefallenen Haar, von einem schmerzenden Zahn. Streifte irgend etwas seine körperliche Behinderung, war seine Eigenliebe sofort auf dem Plan. In den ersten Tagen sprach er darüber kein Wort; sie war es, die das Thema anschnitt, um ihr gemeinsames Leben von solcher Verlegenheit zu befreien, denn sie hatte gerade einen Artikel von Erasmus Darwin über die Krankheiten des Willens gelesen. Darwin sagte, ein Patient könne Linderung darin finden, dass er sich frei über sein Leiden ausspräche. Und wirklich, von diesem Augenblick an ließ er zu, dass sie davon wusste, aber er hatte dabei immer ein gezwungenes Lächeln und sprach obenhin von ›meinem kleinen Fuß‹.«
Schon ein Jahr später trennte er sich von seiner Frau. Seine Liebesaffären gehören zur Legende – wie seine Einsamkeit. Carolin Lamb schrieb in ihr Tagebuch: »Verrückt, schlimm; es ist gefährlich seine Bekanntschaft zu machen ... Jenes schöne, bleiche Gesicht ist mein Schicksal.«

Er verließ England und zog nach Italien, dann nach Griechenland, um am Freiheitskampf gegen die Türken teilzunehmen. Er hatte einen Hang zur Selbstzerstörung, war, wie es heißt, »selbstquälerisch« und »tyrannisch« zugleich.

Was das Publikum in den Gedichten fand und akzeptierte, lehnte es beim Menschen ab. Ein Philosoph betonte: »Die Welt bestand darauf, sich ein vereinfachtes Bild von ihm zu machen, indem sie das Element der Pose in seiner kosmischen Verzweiflung und in seiner erklärten Menschenverachtung außer Acht ließ. Wie bei vielen anderen prominenten Leuten war er als Mythos bedeutender denn als wirkliche Person.«
Der französische Schriftsteller notiert: »Taten blieben aus, und das einzige Heilmittel gegen Überdruss und Traurigkeit war die Arbeit. Byron arbeitete viel in Pisa. Er schrieb ein faustisches Drama, *The Deformed Transformed,* das Shelley für abscheulich erklärte, das aber ein interessantes Dokument darstellt; zunächst einmal des Gegenstandes wegen, der so unmittelbar mit Byron verknüpft ist: Arnold, bucklig zur Welt gekommen, verkauft seine Seele dem Teufel, um von seinem Gebrechen geheilt zu werden, um den anderen Menschen gleich und geliebt zu werden. Dann aber wegen eines berühmten Dialoges im ersten Akt: *Arnolds Mutter:* ›Verschwinde, Buckliger!‹ *Arnold:* ›Ich bin so geboren, Mutter.‹ Eine authentische Antwort, heißt es, von Byron an seine eigene Mutter.«
Der andere Biograf sagt, dass diesem Dramenfragment vom »umgestalteten Missgestalteten« in der »Byron-Forschung bisher vielleicht zu wenig Aufmerksamkeit geschenkt« worden sei.
Über die »Missgestalt« heißt es in einem Vers:

»Und auszugleichen so das karge Erbe
Womit Natur stiefmütterlich sie kränkte«

Wenn also die Figur des Dramas autobiografisch verstanden werden kann, dann hat Byron gegen Ende seines Lebens doch die Kompensationsmöglichkeiten akzeptiert, die er anfänglich ablehnte, um das »Trauma« seiner Behinderung, das schon die Zeitgenossen als auslösendes Agens begriffen, zu überwinden. Die Form der Bewältigung der Behinderung gilt es aber in den Rahmen der von Nichtbehinderten dominierten Welt zu stellen, in der die Bedeutung der Behinderung oft von vornherein auf Eindeutigkeit reduziert und der Interpretationsspielraum eingeschränkt wird, sodass die lebensnotwendigen Übergänge und die Ambivalenz unbeachtet bleiben oder nicht zugestanden werden.
Stets von Interesse war bei Byron nach autobiografischen Aspekten in seinem Werk zu suchen. Und Byron passte sich an, wie ein »Chamäleon«, und kam diesem Bedürfnis entgegen. Ihm gefiel offenbar, wie der andere Biograf bemerkt, die »Rolle als berühmter, skandalumwitterter Autor«. Und Byrons Person erschien wie ein Romanfigur.

Man überliefert, dass er fünf Tage vor seinem Tod in Griechenland zu seinem Arzt gesagt haben soll: »So lange ich lebe, erlaube ich nicht, dass jemand meinen lahmen Fuß sieht.«

Anmerkung

Der französische Schriftsteller heißt André Maurois, seine Biografie über »Lord Byron – Don Juan oder Das Leben Byrons« erschien 1952 in Paris, in deutscher Übersetzung erstmals 1969. Ich zitiere nach der Ausgabe von 1979 in der Nymphenburger Verlagshandlung München. Der andere Biograf ist Hartmut Müller: »Byron«. rororo-Bildmonografien Reinbek bei Hamburg 1992. Hier wird der Kommentar des Philosophen Bertrand Russell erwähnt.

10

Die kleine Exzellenz

Die Pose ist selbstbewusst, vielleicht ein wenig *großspurig*. Das erarbeitete Ansehen eines unabhängigen Künstlers bildet sich, wahrscheinlich unbeabsichtigt, in der Fußstellung ab. Die breitbeinige Haltung ahmt gewissermaßen die massiven, gedrechselten Tischbeine nach. Der Anzug wirkt währschaft, der Stoff scheint nicht der feinste, aber dauerhaft. Das Jackett ist gut bemessen. Den Pelzmantel hält der Porträtierte mit der rechten Hand gerade und schlägt ihn mit der linken in Höhe der Hüfte leicht zurück, damit er vermutlich nicht so dick aufträgt. Der Pelz mit dem prächtigen Kragen gehört zum Selbstwertgefühl – oder zur selbstgefälligen Inszenierung, denn im Innenraum, im Studio, wäre er nicht notwendig, im Gegenteil überflüssig. Allerdings zog der rastlose Maler den Mantel auch bei anderen Gelegenheiten selten aus. Der Gesichtsausdruck schwankt zwischen distanziert und sarkastisch. Der Blick geht in die Ferne, an der Kamera vorbei. Die Augen, hinter kaum erkennbaren, ovalen, dünn und golden eingefassten Brillengläsern, schauen streng, jedoch nicht verkrampft. Da die Mundwinkel leicht nach unten gezogen sind, entsteht in dieser Hinsicht ein eher verbitterter oder verbissener Eindruck. Das Gesicht, die hohe Stirn, die Glatze sind weiß, fast ohne Konturen, fotografisch überbelichtet. Ein dunkler Schlips verschwindet halb unter dem stellenweise ergrauten Kinnbart.
Die anonyme Fotografie entstand in den Jahren zwischen 1860 und 1870. Zu dieser Zeit kaufte der Bruder des Porträtierten, wohl mit dessen finanzieller Unterstützung, ein fotografisches Kunst- und Verlagsinstitut in Berlin. Die Frage, ob die Aufnahme von ihm stammen könnte, lässt sich nicht beantworten. Der Porträtierte selbst – er war wie gesagt bildender Künstler – hatte ein gespaltenes Verhältnis zur Fotografie. Er hatte das Aufkommen des neuen Mediums miterlebt. Allerdings empfand er, der unermüdlich Zeichnende und Skizzierende, die Fotografie im Gegensatz zu einigen seiner Kollegen kaum als existenzielle Bedrohung. Er benutzte sie sogar schon früh, nicht wie andere als heimliche Vorlage, sondern um seine Kunstwerke zu reproduzieren. Doch er war äußerst skeptisch gegenüber der Genauigkeit und Naturtreue der Fotografie, seine Malerei versprach ihm mehr Lebendigkeit und Authentizität. An der Abbildung

fällt noch eine charakteristische Untersicht auf, der porträtierte Maler thront über dem Betrachterstandpunkt, dieser scheint die Betrachter vor ihm in die Knie zu zwingen, zumindest zum Sitzen. Wird das interne Bildverhältnis von Figur und Tisch berücksichtigt, dann erscheint letzterer beinahe wie eine Art Stehpult – oder der Künstler ist *kleinwüchsig*. Alle vorher gegebenen Attribuierungen widersprechen zwar, aber seine Kleinwüchsigkeit war allgemein bekannt. Dies versucht das Porträt zu verbergen.

Der Lithograf, Zeichner und Maler Adolph Menzel (1815-1905), dessen Porträt beschrieben wurde, hatte keine akademische Ausbildung, er wurde als so genannter Autodidakt weltberühmt. Sein Werk, jahrelang durch politische Gegebenheiten und meist selbstauferlegte interpretatorische Zwänge zweigeteilt, erfährt zurzeit eine gelassene, ganzheitliche Neubewertung, die sich schon seit gut zehn Jahren andeutete. Das, was Menzel malte, mit dem, wie er es malte, zusammen zu denken, ist vor allem möglich geworden, weil das Werk des hauptsächlich in Berlin tätigen nicht mehr in Museumsbeständen durch die Mauer in Ost und West sortiert und ideologisch vereinfacht wird.
Demnach braucht man beispielsweise das um 1850 entstandene Gemälde »Flötenkonzert«, das Friedrich II. (1740-1786) von Preußen verharmlosend als künstlerisch begabten, »guten« Herrscher und »fürsorglichen Landesvater« zeigt, nicht mehr mit dem Ausspruch Menzels, dass er das Bild »bloß wegen des Kronleuchters gemalt habe«, zu entschuldigen. Die Vorwegnahme des Impressionismus, dem Menzel selbst dann allerdings ablehnend gegenüberstand, kontrastierte die konservative Historienmalerei. Der Kleinigkeitskrämer, der detailversessen auch den Uniformknopf oder Schuhschnallen noch originalgetreu malte, geriet mit dem unbestechlichen Beobachter Berlins im 19. Jahrhundert in Widerspruch. Der Rokokomaler und der Realist fielen auseinander, obwohl sie von einer Person vertreten wurden.
Mit dem kolossalen »Eisenwalzwerk« (1875), auch unter dem Titel »Moderne Zyklopen« bekannt, reagierte Menzel sozusagen auf die Industrialisierung, Ähnlich wie er mit dem unvollendet gebliebenen Gemälde »Aufbahrung der Märzgefallenen« (1848) die politischen Verhältnisse problematisierte. In einem Brief an einen Freund schrieb er gewitzt: »Ich merke, ich habe Pech mit Revolten, von Cassel ging ich weg, ehe eine ausbrach, und hier (in Berlin) kam ich an, als sie vorbei war. Es ist mir sehr Leid, dass ich keine erlebt, und um die Gefühle und Erfahrungen nicht reicher geworden bin. Wie ich Ihnen überhaupt gestehe, es schmerzt mich jetzt zum ersten Mal, was mir bis dahin ziemlich einerlei war: dass kein großer, starker Kerl aus mir geworden ist.«
In den 1860er-Jahren malte Menzel scheinbar banale Motive, wie die »Hausecke bei Mondschein«, aber auch einige Gouachen mit direkter dokumentarischer Bezugnahme auf den Alltag, unter anderem ein Ge-

denkblatt zum fünfzigjährigen Jubiläum der Eisen-, Kupfer- und Messingfirma Heckmann. Gleichzeitig erhielt er den Auftrag für das repräsentative Bild der »Krönung Wilhelms I. in Königsberg«. Ein Foto zeigt den kleinwüchsigen Menzel bei der Arbeit an diesem großformatigen Bild, im Gegenlicht vor einem Atelierfenster, auf einer Art hölzernen Flugzeugtreppe mit dünnem Eisenrohrgeländer stehend. Während der Krönungsfeierlichkeiten stand er, die Stimmung skizzierend, nicht gerade der Hofetikette entsprechend auf einem wackligen Stuhl, der, wie er bemerkte, dem »hastigen Zeichnen nicht zur Erleichterung diente«. Das Bild versammelt viele verschiedene *hoch gestellte* Figuren, von einer wird die Anekdote erzählt, dass Menzel sie nach einer Fotografie malen musste. Erst später habe er diesen Hofbeamten persönlich getroffen, sei erschrocken und habe ihn umgehend zu einer Sitzung in seinem Atelier gedrängt, um das Porträt auf dem schon beendeten Bild nachträglich zu übermalen.
Die Zusammenfügung des zerteilten Menzels lässt sich erklären: Sein Werk erscheint im Großen und Ganzen und seine Person im Kleinen wie die Verkörperung des bürgerlich liberalen Pluralismus in der bildenden Kunst. Menzels Modernität, darauf hat man sich heute geeinigt, ist seine Universalität, seine herausfordernde Vielfalt. Seine preußisch patriotischen Ansätze scheinen sich durch seine historische Gewissenhaftigkeit auszugleichen. Mit Menzel lässt sich die Realismusdebatte fortführen. Seine Bilderzählungen umfassen divergierende soziale Sachverhalte. Mit ihm kommt es zu einer Koalition von Königsmaler und Arbeitermaler. Menzel integrierte durch seine zeichnerische und malerische Meisterschaft, blieb aber ein – immerhin zunehmend anerkannter – Außenseiter.
Der Stellenwert der in der Interpretation oft übergangenen Kleinwüchsigkeit wird offenbar. Der heutige Direktor der Berliner Alten Nationalgalerie notiert, dass Menzel die »Fülle seiner beobachteten Einzelheiten durch eine höchst subjektive Optik synthetisiert. Von dieser subjektiven

Optik sprechen, heißt auch ganz vordergründig von Menzels Größe sprechen. Menzel war kleinwüchsig, kaum 1,40 Meter groß ... Menzel sah die Welt von unten, aus der Sicht eines Kindes. Nicht ohne Selbstironie hat sich Menzel auf Kostümfesten als Kind verkleidet. Zu solchen Scharaden gehört auch das Foto, das Menzel scherzhaft stehend als den Größten inmitten einer hingesunkenen Tischgesellschaft zeigt.« Das klingt harmonisierend. Überliefert ist, dass Menzel sehr unter dem Spott über seine Kleinwüchsigkeit litt. Zudem gehörte zu der ihm eigenen Perspektive ebenso der so genannte Türmerblick, wie ein anderer Kunsthistoriker ergänzt, der Blick von oben auf einen belebten Platz oder aus dem Fenster in den Hinterhof hinunter. Alle seine Ateliers lagen im obersten Stock von mehrstöckigen Häusern. Doch ist die Kompensationstheorie – das Zeichnen und die Malerei als Ausgleich für die Geringschätzung aufgrund der Körpergröße – nicht zu begrenzt für das Verständnis eines Gesamtwerks, auch wenn die Lebensgeschichte einige konstituierende Anhaltspunkte enthält?

Adolph Menzel wurde in Breslau geboren. »Adolph war ein zartes, abnorm kleines Kind mit einem mächtigen Kopf ... Häufig war er krank und bekam manchmal unheimliche Anfälle, bei denen er hinfiel und wild um sich schlug. Wir können diese Krankheit heute wohl als Epilepsie deuten, an der er noch als Mann ab und zu litt, die sich aber in späteren Lebensjahren vollkommen verlor«, schreibt die Ärztin und Biografin.
Menzels Vater leitete zunächst in Breslau eine Mädchenschule, gründete dann eine Lithografenwerkstatt, in der sein Sohn schon früh mitarbeitete. 1830 zog die Familie nach Berlin um, weil der Vater sich bessere Verdienstmöglichkeiten versprach. Unerwartet starb er aber zwei Jahre später, der erst siebzehnjährige Adolph übernahm die Werkstatt und familiäre Verantwortung. Mit ungeheurem Arbeitseifer und Fleiß zeichnete und lithografierte er Einladungen, Briefköpfe, Initialen, Etiketten, Vignetten, Diplome, Speisekarten, Annoncen. Er war also gleichsam Gebrauchsgrafiker. In einer autobiografischen Notiz betonte er seine Unabhängigkeit: »Ich bin nie unterstützt worden.« Zur Kleinwüchsigkeit kam, dass er kurzsichtig und noch Linkshänder war. Doch konnte er beidhändig zeichnen, wenn eine Hand ermüdete, wechselte er den Stift in die andere, wobei er eher mit der linken zeichnete, mit der rechten malte.
Ein *Großauftrag* für eine Buchillustration machte ihn bekannt. Mit vierhundert Holzschnitten Menzels wurde Franz Kuglers »Geschichte Friedrichs des Großen« ausgestattet. Mit seinem historischen »Reporterblick« wurde Menzel zum Experten. Man behauptet, er habe seinen »Wunschtraumvater« erschaffen. Der anschaulichen Illustrationen wegen glauben viele, er sei dessen Zeitgenosse gewesen.
Menzel führte ein bürgerliches Leben, im gemeinsamen Haushalt mit seinen Geschwistern. Familienszenen in Zeichnungen sind keineswegs be-

schönigend, auch sich selbst stellt er bloß. Ein berühmter Freund sagte: »Menzel beherrscht jeden Zweig seiner Kunst, aber freilich mehr noch beherrscht er sich selbst Der Mensch in ihm wächst noch über den Künstler hinaus.« Er lebte sparsam, wechselte jedoch häufig seinen Wohnsitz, in immer bessere Gegenden Berlins.
Menzel zog zeichnend durch die Stadt, mit seinem hohen Lebensalter fast ein Jahrhundert durchmessend. In seinem langen Jackett hatte er sich, so die Biografin, »links unten eine große Tasche einnähen lassen, die ein Lederetui enthielt, in dem Zeichenblock, Stifte und Radiergummi fein säuberlich geordnet waren«. Er verkehrte in bestimmten Cafés, in einem brachten sie einen Kleiderhaken speziell für ihn niedriger an, »um ihm die peinliche Bitte, seine Garderobe aufzuhängen, zu ersparen«.
Menzel arbeitete, weil er nicht gestört werden wollte, vor allem nachts. »Die Modelle waren oft alt, elend und hässlich oder sonst für andere Maler nicht brauchbar. Menzel dagegen fand gerade das Hässliche meist interessant«, schreibt die Biografin. Sie fügt eine Episode hinzu, die sich in der Akademie, in die er schließlich berufen wurde, zugetragen haben soll: »Als er einmal nach einem menschlichen Modell zeichnen ließ, stürzte dieses zu Boden und wand sich in epileptischen Krämpfen. Betreten packten die Studenten ihre Zeichenutensilien ein. Menzel ärgerte sich darüber und erklärte ihnen, dass man sich so etwas Seltenes als Zeichenvorlage doch nicht entgehen lassen sollte.«
Sein düsterer Gesichtsausdruck verstärkte sich auf späteren Aufnahmen, Menzel galt als abweisend – sein Spitzname: »Giftpilz«. Sein Pflichtbewusstsein stand konträr zu seiner Unpünktlichkeit. Er war, wie er sagte, »plebejisch« gesinnt, erinnerte sich an seine Herkunft aus ärmlichen Verhältnissen, lehnte aber die Monarchie nicht ab. Der letzte deutsche Kaiser, Wilhelm II., verehrte Menzel und veranlasste, das »Flötenkonzert« lebendig nachzustellen. Zum achtzigsten Geburtstag verlieh er ihm den Adelstitel. Ein Foto dieser Feier zeigt den kleinwüchsigen Menzel vor zehn aufmarschierten, preußischen »Langen Kerls«. Er kann also ein Von vor seinen Namen setzen, das Volk, die so genannten *kleinen Leute*, nannten ihn nun vereinnahmend »Die kleine Exzellenz«.

Anmerkung

Der berühmte Freund ist Theodor Fontane. Die zitierte Ärztin und Biografin heißt Ilse Kleberger, ihr Buch »Adolph Menzel – Preuße, Bürger und Genie«. dtv Junior München 1984. Der erwähnte andere Kunsthistoriker ist Gisold Lammel: »Menzel und seine Kreise«. Verlag der Kunst Dresden 1993. Das Zitat des Direktors der Berliner Alten Nationalgalerie, Peter-Klaus Schuster, stammt aus dem Katalog: »Das Labyrinth der Wirklichkeit – Menzel – 1815-1905«. DuMont Verlag Köln 1996.

11

Der kleinwüchsige Hochstapler

Der Eindruck, dass allein der Pelzmantel dastehe, ergibt sich durch dessen Fülle und Übergröße. Er lässt keinen Blick auf die Füße der Person zu, die er umhüllt, die Ärmel verdecken die Hände und sogar die Fingerspitzen, selbst wenn ein Arm angewinkelt ist. Der Kragen überragt die Schultern und lastet wie ein bemoostes Dach auf ihnen.
Der Pelzmantel dominiert das Porträt. Er gilt als Statussymbol des jungen, erfolgreichen Geschäftsmannes. Doch er verkleinert dessen im Verhältnis zum erahnten Körper eher großen Kopf, der ohnehin von einem hohen Zylinder überboten wird. Einzig der elegant geschwungene Schnauz und darunter die dezente dunkle Fliege über dem weißen Stehkragen bringen ein wenig Bewegung in die vom Mantel ausgehende Bedeutungsschwere.
Die »grandiose Selbstinszenierung« sowie die »extravagante Kleidung« habe – sagt sein moderner Biograf, auf den ich mich im Folgenden berufen werde – die kleinwüchsige Person »mit zu langen Armen und zu kurzen Beinen« zu kaschieren. Die Aufnahme des viel zu großen Wolfspelzmantels, den Heinrich Schliemann trägt, zeige »besser als jedes Schriftstück den eigentümlichen Charakter dieses Mannes«.

Als Sohn eines trunksüchtigen Pfarrers wurde Schliemann 1822 in Mecklenburg geboren. Er war überzeugt, nicht für die Provinz bestimmt zu sein, erwartete aber ausgerechnet von ihr Anerkennung. Die Abhängigkeit wirkte produktiv, der Ehrgeiz blieb latent in vielen anderen Beziehungen erhalten.
Schliemanns Karriere begann im Hamburger Hafen, aber der neunzehnjährige kleinwüchsige Mecklenburger »erntete vielfach schon Gelächter, wenn er sich vorstellte«. Seine Vision eines noblen hanseatischen Kaufmanns scheiterte am Säckeschleppen, obwohl er asketisch lebte und versuchte, seinen »Körper zu stählen«. Schliemanns »letzte Hoffnung« waren Auswanderungspläne, die ihn allerdings zuerst nur bis Amsterdam brachten. In dieser Stadt erhielt er einen Job in einem Kontor, hier konnte er in kurzer Zeit mit seiner »außerordentlichen Sprachbegabung« und der entsprechenden Erledigung der Korrespondenz überzeugen.
Regelmäßig und lebenslang schickte Schliemann einen Teil seines Ver-

dienstes an seine Angehörigen, an seinen Vater und seine Geschwister. Der Biograf bemerkt: »Diese Hilfsbereitschaft gegenüber den Seinen ist eine von vielen rätselhaften Eigenschaften, die sich nicht einfach und problemlos in sein Charakterbild einfügen lassen. Sogar dem Vater, den er hasste, weil er ihn für den frühen Tod der Mutter verantwortlich machte, bedachte er mit Geldzuweisungen, ja, er schickte dem alten Trunkenbold einmal sogar zwei Fässer Bordeaux.«
Mit vierundzwanzig Jahren gründete der auch russisch sprechende Schliemann eine Niederlassung des Amsterdamer Stammhauses in St. Petersburg. Er erkannte, »dass Waren, die es in Russland im Überfluss gab, im Herzen Europas knapp waren«. Er handelte mit Salpeter, das für die Produktion von Schießpulver benötigt wurde und mit Indigo für die Farbherstellung. Doch, notiert der Biograf: »Hinter Heinrichs beruflichem Erfolg verbarg sich ein privates Fiasko.« Sein überraschender Heiratsantrag an eine Jugendfreundin lief ins Leere. »Dieser Fehlschlag ist von unübersehbarer Bedeutung für Schliemanns Leben, und man fragt sich, was geschehen wäre, hätte Heinrich Minna im Jahre 1847 wirklich geheiratet. Vermutlich wäre diese Ehe gut gegangen. Und Schliemann hätte weder die Russin Jekaterina Petrowna Lyschina noch die Griechin Sophia Engastromenos geheiratet. Es waren aber diese beiden Frauen, die Schliemanns Leben in jene Richtung gelenkt haben, die ihn später zum Ausgräber von Troja und zum Entdecker des Schatzes des Priamos werden ließ.«
Mitte dreißig – »klein, kurzsichtig und mit schütterem Haar, aber stets gut gekleidet, von sich eingenommen und überheblich, vor allem aber steinreich« – wird der »wahre Schliemann« geboren, sodass sein Name im Nachruhm mit dem Schatz des Priamos identifiziert werden kann. Zunächst jedoch registrierte Schliemann an sich selbst ein Bildungsdefi-

zit, das er mit Weltreisen zu beheben gedachte. Dann, noch nicht fünfzig, beschloss Schliemann, sein Leben der Archäologie zu widmen. Dabei wurde Homer, der blinde griechische Dichter, sein Heros und »Reiseführer«.
Für die meisten wissenschaftlichen Archäologen war Homer kein Historiker oder Philologe, Schliemann aber »lebte nur noch in den Hexametern Homers«. Schliemann wurde verspottet, aufgrund der »Naivität (mit der) der Ausgräber ans Werk ging«. Doch er ging ebenso rücksichtslos und eigensinnig vor, wie einst bei seinen abenteuerlichen Geschäften. Er brach jedes Sakrileg der wissenschaftlichen Archäologie, und er kaufte sich wahrscheinlich einen Doktortitel der Universität Rostock, der ihn aber auch nicht beliebter machte.
»Schliemann redete viel. Das hatte zwei unterschiedliche Gründe. Zum einen hörte er sich gern reden, er war äußerst mitteilsam, zum andern versuchte er damit seine schon früh einsetzende Schwerhörigkeit zu überspielen.« Schliemann schrieb leidenschaftlich und penibel Tagebuch, Berichte und Briefe, mit einer überbordenden Fantasie: »Ganze Passagen seines Lebens sind frei erfunden«, betont der Biograf.
Und weiter: »Für den stark unter seinem Bildungsdefizit leidenden Kleinbürger aus Mecklenburg war die Verleihung der Doktorwürde von größter Bedeutung für sein Selbstbewusstsein. Denn so mächtig er im Geschäftsleben auftrumpfte, so gut er es verstand, sein redlich erworbenes Vermögen angemessen zu präsentieren, so wenig er sich scheute, seinen Jahresverdienst bekannt zu geben wie ein Jahrmarktschreier, so sehr litt der kleinwüchsige Mann unter seinem spießbürgerlichen Minderwertigkeitsgefühl. Schliemann war ein Gernegroß in jeder Hinsicht, und der Sog des akademischen Titels riss ihn wie ein Wirbelsturm in ungeahnte Höhen. An Selbstbewusstsein sollte es ihm fortan nur noch selten mangeln.«

Schliemann schrieb: »Die Entdeckung Trojas verdanke ich nur meinem Enthusiasmus für die griechische Philologie und besonders für Homer. Ich vermache daher in meinem Testament meine ganze Sammlung trojanischer Altertümer der griechischen Nation, in deren Mitte ich für den Rest meines Lebens meinen Wohnsitz aufgeschlagen habe.« Zu dieser Zeit hatte er den Schatz des Priamos, »seine größte Entdeckung«, noch nicht gefunden.
Dieser so genannte Schatz des Priamos erregt noch heute Aufsehen, nicht nur weil die Umstände seiner Ausgrabung im Dunkeln blieben. Schliemann wurde sogar unterstellt, er habe den Fund inszeniert, das heißt den Schatz nach seinen Vorstellungen anfertigen lassen. Es stellte sich bald heraus, dass die etwa achtzig »griffigen« Goldobjekte nicht aus der Zeit Homers stammen.
»Die Diademe und das Stirnband erlangten unter allen Objekten des Schatzfundes die größte Popularität: Schliemann ließ seine Frau Sophia,

angetan mit dem kostbaren Schmuck, fotografieren, und diese Aufnahmen gingen um die Welt und wurden in allen großen Zeitungen veröffentlicht«, notiert der Biograf.
Die Mehrheit der zeitgenössischen deutschen wissenschaftlichen Koryphäen konnte und wollte den Grabungserfolg des »Dilettanten« Schliemann nicht anerkennen, was dieser als Herabsetzung empfand. Eine erste Ausstellung des Schatzes in London aber wurde ein Publikumserfolg, was wiederum die Wissenschaftler unter Zugzwang brachte.
In Berlin fand Schliemann einen Freund, »den Mediziner, Physiologen und Politiker Rudolf Virchow. Die beiden besaßen nicht nur eine äußerliche Gemeinsamkeit – ihre Kleinwüchsigkeit –, beiden waren auch von kleinbürgerlicher Herkunft zu hohem Ansehen gelangt, und sie verstanden sich sofort«, schreibt der Biograf. Doch Schliemann benutzte auch Virchow vorzugsweise um »seine Biografie auszuschmücken«, denn Ruhm war ihm noch wichtiger als Geld. Ihn allein als »pathologischen Lügner« darzustellen, verhindert allerdings die Untersuchung der Motive seiner Selbstüberschätzung.
Schliemann schenkte den Schatz 1881 Deutschland. Er wurde im Museum für Völkerkunde in Berlin in einem Raum ausgestellt über dessen Eingangstür Schliemanns Name in goldenen Buchstaben angebracht war. Nach dem Zusammenbruch Hitler-Deutschlands galt der Schatz als verschollen. »Der Verbleib dieses Golds war eins der großen Rätsel des Zweiten Weltkriegs«: Von seiner Wiederentdeckung berichteten 1991 zwei Moskauer Kunsthistoriker im Zusammenhang ihrer Forschungen zur »Beutekunst«.

Schliemanns »zwiespältigen Charakter« deutet der Biograf als »hilflosen Versuch des Biedermanns, einen Lebemann darzustellen«. Er war sparsam, aber nicht bescheiden. Er war ordentlich, aber log, einen Irrtum einzugestehen, war ihm unmöglich. Der rhetorischen Frage, ob Schliemann ein skrupelloser Angeber gewesen sei, fügt der Biograf die Vermutung an: »Seine Kleinwüchsigkeit mag eine Rolle dabei gespielt haben, warum alle seine Projekte in Gigantomanie ausarteten: Seine Ideen wurden zur Weltanschauung, sein Leben zum Heldenepos, seine Firma zum Imperium, seine Fahrten zu Weltreisen, sein Reichtum zum Protz, sein Haus zum Palast.«
Was hat es auf sich mit dieser Kompensationstheorie? Schliemann glaubte sich permanent benachteiligt. Das Minderwertigkeitsgefühl löst laut Individualpsychologie Kompensationen und Überkompensationen aus. Die dabei entstehende »Überwertigkeit« könne geniale Leistungen möglich machen, aber wenn die Kompensationsversuche missglückten, entstehe »ein Zustand hoher psychischer Spannung«, auch Unruhe, Unsicherheit oder ein »Betätigungsdrang«. Die Logik der Kompensation bedingt, Schliemanns Kleinwüchsigkeit als Fehler oder sogar Schädigung zu be-

trachten. Sie ist also normorientiert, mehr noch, der angestrebte Ausgleich oder Ersatz ist erfolgsorientiert. Die Kompensation wird positiv besetzt. Doch die Kritik des Kompensationsgedankens könnte einwenden, dass Schliemann genauso ein Hochstapler hätte werden können, wenn er nicht kleinwüchsig gewesen wäre. Die Spekulation verfängt sich im Stereotyp, wenn sie unberücksichtigt lässt, dass das Minderwertigkeitsgefühl sozial erzeugt und verinnerlicht wird: Hätte er nicht Schliemann geheißen oder wäre er in der Provinz geblieben, wäre er dann als Kleinwüchsiger akzeptiert worden?
In Schliemanns Palast gab es Stühle »auf denen nur der Hausherr Platz nehmen durfte«. Das war nicht nur Allüre, sondern hatte nach Ansicht des neuen Biografen auch eine »verblüffend einfache Lösung«, die Höhe dieser Stühle war lediglich den kurzen Beinen Schliemanns angepasst worden.

Als sich herausstellte, dass es nicht der Schatz des sagenumwobenen, letzten trojanischen Königs, Priamos, war, habe Schliemann einmal erwidert: »Nun gut, dann ist es eben der Schatz des Herrn Schulze.« Diese Antwort interpretiert der Biograf als »einzige witzige Bemerkung« Schliemanns – wahrscheinlich widerwillig –, denn es gebe kein Bild mit einem lächelnden oder lachenden Schliemann, er sei ein »todernster Mensch« gewesen.
Der Einzelgänger Schliemann starb einsam am zweiten Weihnachtstag 1890 in Neapel. Er war auf einer seiner zahlreichen, rastlosen Reisen von Paris nach Athen.

Anmerkung

Die neue Biografie über Heinrich Schliemann schrieb Philipp Vandenberg: »Der Schatz des Priamos«. Gustav Lübbe Verlag Bergisch Gladbach 1995. Den »Schatz des Priamos« in Moskau wiederentdeckt hat Grigori Koslow und zusammen mit Konstantin Akinscha in »Beutekunst«, dtv München 1995, darüber berichtet. Die Individualpsychologie wurde von Alfred Adler begründet. Siehe ferner: Reinhard Witte: »Heinrich Schliemann – ein pathologischer Lügner?« In: Gegenworte 2, 1998, S. 51.

12

Die Spielzeugfabrikantin im Rollstuhl

Ein weites Kleid nimmt fast den ganzen unteren Teil der ovalen, im Sepiaton (graubraunschwarz) gefärbten Fotografie für sich ein. Der bescheiden geschnittene Rundreifrock, eine so genannte Krinoline mit wenigen Falten verdeckt den Boden und, mit Ausnahme eines Teils der gut gepolsterten hohen Lehne, den Stuhl, auf dem die vielleicht etwa zwanzigjährige Frau sitzt. Die junge Näherin hat sich das Kleid möglicherweise selbst geschneidert. Ein dicker Gürtel mit quadratischer heller Schnalle schnürt sie in der Taille ein. Ihre Unterarme sind angewinkelt und ruhen auf dem Schoß, die linke Hand liegt über der rechten, die ein älteres Buch hält, vermutlich die Bibel. Ein weißer, spitzer Kragen ragt über die dunklen, aufgenähten, feinen Zierleinenbändchen am Hals, ihr ineinander verschlungenes Muster, das die Umrisse von Kleeblättern symbolisiert, wiederholt sich am Unter- und Oberarm, bei letzterem zusätzlich umrahmt. Die Haare der Frau im heiratsfähigen Alter – so scheint sie jedenfalls präsentiert zu werden –, sind nach hinten gekämmt und dort wahrscheinlich verknotet. Die Augen blicken an den Betrachtern vorbei, sie wirken entspannt und freundlich, während die Mundwinkel sich leicht nach unten neigen, zwar nicht verkniffen, aber etwas angespannt erscheinen, was dem durchweg liebenswürdigen Gesichtsausdruck eine gewisse Unbezwingbarkeit verleiht.

Ein anderes Foto zeigt dieselbe Frau im Alter. Haltung und Gesichtsausdruck dokumentieren Selbstbewusstsein und Behutsamkeit zugleich. Die Lippen sind ein wenig mehr zusammengepresst, was Verschlossenheit verbreitet. Diesen Eindruck lösen aber die Augen, die wieder an den Betrachtern vorbeischauen, in Umsicht auf. Die Haare, nun offenbar dünner, in der Mitte deutlicher gescheitelt, sind strenger nach hinten gekämmt und gebunden. Auf dem Schoß der selbst kinderlosen Frau sitzt ein heller Spielzeugbär mit einem dunklen Trägerhemd, ihre rechte Hand hält ihn am Arm, die linke am Ohr. So guckt der Bär lustig in die Luft! Er wird als Teddybär bekannter werden als seine Produzentin, die gelernte Näherin, die zuerst allein für ihre Neffen ein Kuscheltier erfand, woraus ein großes Geschäft entstand. Die Muster des Kleides auf dem zweiten Foto gleichen denen auf dem ersten, da Ton in Ton, sind sie aber kaum zu sehen. Die alte Frau sitzt in einem Rollstuhl mit einer hohen geschwungenen Lehne, in deren Mitte auf anderen Modellen manchmal noch eine Verzierung angefügt ist. Deutlich ist ein Rollstuhlrad zu erkennen, mit vorgelagertem Reif und markanten Speichen. Der Stuhl steht auf einem Bretterboden. Im Vordergrund liegt ein typisch schwarzweiß gefleckter Dalmatiner, ausgestreckt vor sich hindösend auf einer dünnen Decke. Nicht altersbedingt sitzt die Spielzeugfabrikantin im Rollstuhl, schon als junge Frau war sie darauf angewiesen, die erste, oben beschriebene Fotografie täuscht darüber hinweg.

Die über sechzigjährige, anerkannte Spielzeugfabrikantin Margarete Steiff leitet ihren Lebensrückblick wie folgt ein: »Dieses Buch wurde mir einst geschenkt mit der Weisung, meine Lebensgeschichte darein zu schreiben; endlich komme ich dazu, damit zu beginnen, glaube aber nicht, dass es etwas Rechtes wird, denn schriftstellern ist nicht meine Sache. Ich gebe, was ich kann, und meine Eigenen werden mich schon verstehen. Ich bin geboren am 24. Juli 1847 und erhielt die Namen Apollonia Margarete Steiff.« Es folgen nun die Namen und Geburtsdaten der Eltern, der Vater ist Bauwerkmeister, die Mutter, die als streng charakterisiert wird, »als Feindin von jedem Vergnügen«, arbeitet im Geschäft mit. Margarete Steiff hat zwei ältere Schwestern und einen jüngeren Bruder, die Familie wohnt in Giengen an der Brenz, in der Nähe von Ulm.
Dann schreibt Margarete Steiff lakonisch: »Mit eineinhalb Jahren wurde ich von einer Krankheit befallen, nach welcher ich nicht mehr gehen konnte, der linke Fuß war vollständig, der rechte teilweise gelähmt, auch der rechte Arm war sehr geschwächt. Im Übrigen war und blieb ich von da an stets gesund, hatte auch wenig unter den üblichen Kinderkrankheiten zu leiden. Es wurde natürlich kein Mittel unversucht gelassen, und ich kann mich erinnern, dass meine Mutter öfters mit mir bei auswärtigen Ärzten war.« Die Konsultationen bei Spezialisten in Ulm oder im Schwarzwald machen dem unternehmungslustigen Mädchen Spaß, an die Untersuchungen erinnert sich Margarete Steiff kaum mehr, aber an die Abenteuer der Reisen und an bedeutsame Kleinigkeiten, an »eine ganz knusperige Bratwurst« oder den Verlust einer Haarspange. Margarete Steiff hatte »Kinderlähmung«, eine Viruserkrankung der Rückenmarksubstanz, zu deren Prävention gut hundert Jahre nach ihrer Geburt ein Impfstoff entwickelt wird. Die Krankheit selbst ist bis heute nicht behandelbar, ihre Folgen können Behinderungen sein. Bemerkenswert an Margarete Steiffs Formulierungen ist, wie sie in einfachen Worten die Differenzierung von Krankheit und Behinderung dokumentiert, was selbst in der Fachliteratur noch lange unberücksichtigt blieb.
Margarete Steiff wird »Gretle« gerufen, später aber, berichtet sie selbst, »hieß es oft die böse Gret«, sie war nicht so »brav und folgsam« wie man es erwartete. Sie will nicht nur zu Hause sitzen, sie fordert: »Tragt mich

auf die Gasse ...« In ihrem »Wägelchen« organisiert und erfindet sie Spiele für die anderen, oder sie hütet und betreut die Kleineren, die zu ihr in den Leiterwagen steigen, sie erzählt ihnen Geschichten oder singt ihnen Lieder vor. »Es war für mich auch deshalb ein wichtiges Amt, musste ich doch nicht in der Zeit häkeln ...« Das Häkeln hasst sie. Als die Mutter einmal mit dem Resultat ihrer Häkelei nicht zufrieden ist, boykottiert Margarete diese Arbeit zwei Tage lang und das ist, kommentiert ein Medienwissenschaftler, der bemüht ist, die fast vergessene Lebensgeschichte Margarete Steiffs in den Kontext der Sozialgeschichte zu stellen, »für ein Kind, das in hohem Maße von der Hilfe anderer abhängig ist, schon eine lange Zeit«.

Die Eltern Margarete Steiffs geben die Hoffnung auf Heilung ihrer Tochter nicht auf und sorgen sich um deren Zukunft (vielleicht auch unter dem Eindruck des aufkommenden Sozialdarwinismus). »Wieder einmal kursieren Ärzteadressen. In Ludwigsburg, so hat man gehört, soll es eine Kinderheilanstalt geben und seit kurzem auch eine Einrichtung in Wildbad, die gliederkranke Kinder zur Kur aufnimmt. Von dem Doktor August Hermann Werner hat man die reinsten Wunderdinge gehört«, schreibt der genannte Medienwissenschaftler. Da die Stiftungspflege Giengens die Kosten übernimmt, wird die neunjährige Margarete in der Familie Werners aufgenommen. Dort, berichtet Margarete Steiff, »ließ man mir mehr Freiheit als zu Hause«. Zum Beispiel verbietet man ihr das Rutschen nicht, was allerdings zur Folge hat, dass die »Röcke zugrunde« gehen und Frau Doktor dann auf einer Fahrt nach Wildbad im Schwarzwald die ganze Zeit die »arg zerschlissenen Kleider« flickt. Aber Margarete wird auch operiert, mit zwei Sehnenschnitten will man den linken Fuß gerade bekommen, was »gar keine Wirkung« hatte. Auch »Maschinen«, also Prothesen, werden ausprobiert.

Bei einem weiteren Kuraufenthalt wird sie von einer Tante begleitet. »Da ich bisher nur gewohnt war, dass meine Mutter mich trug, so war es mir sehr unangenehm, dass die liebe Tante irgendeinen Dienstmann anrief, der mich tragen sollte.« Das Mädchen ist gekränkt, lässt sich aber nichts anmerken. Wildbad ist für Margarete wie Ferien, sie genießt die Atmosphäre unter ihresgleichen und vor allem das Baden, »da im Wasser die Bewegungen so leicht sind«. Zudem lernt sie mit der Tochter Dr. Werners Englisch, niemand beachtet, »dass die Gret das Englische einmal nötig brauchen könnte«. In Giengen besucht Margarete die Mädchenvolksschule, eine Frau in der Nähe des Schulhauses hat den Auftrag, sie die Treppe hinaufzutragen. Sie setzt sich energisch ein, um Lernversäumnisse, die durch die Kuraufenthalte entstanden sind, auszugleichen. Mit dreizehn wird sie konfirmiert, ihr Denkspruch lautet: »Lass dir an meiner Gnade genügen, denn meine Kraft ist in den Schwachen mächtig.« Dann tritt sie in die Nähschule ein. Obwohl Margarete Steiff schreibt, dass sie sich dort auch noch nach deren Abschluss »recht viele Jahre hinfahren (ließ), es war gar so schön dort«, ist dies kein Stoff für eine Idylle. Sie will eigenständig mit dem Nähen ihren Lebensunterhalt verdienen. Der Medienwissenschaftler notiert: »Ihre Körperbehinderung verhindert paradoxerweise, dass sich Margarete Steiff von den gängigen bürgerlichen Werten, denen die Frauen dieser Zeit unterliegen, allzu sehr beeinflussen lässt.« Paradox deshalb, weil für die Geschlechtsgenossinnen der Weg in einer männlich dominierten Welt durch Ehe und Kinder vorgegeben ist, Berufsbildung und Beruf, wie Margarete Steiff es anstrebt, kein Prestige besitzen.

Margarete Steiff: »Es war ein langes Suchen nach Heilung, bis ich mir selber sagte, Gott hat es so für mich bestimmt, dass ich nicht gehen kann. Es muss auch so recht sein. Von da an, etwa mit siebzehn oder achtzehn Jahren ließ ich mich durch keine angepriesenen Mittel oder Heilmethoden mehr aufregen, denn das unnütze Suchen nach Heilung lässt den Menschen nicht zur Ruhe kommen.« Eine Maschine hilft ihr hier nun wirklich weiter: die erste Nähmaschine. Zwar ist der Antrieb des Schwungrades für den rechten, geschwächten Arm zu schwer, sie schafft es mit dem linken. Ihr Vater soll gesagt haben: »Ihr Können und ihr Mut sind größer als ihre Behinderung.« Margarete Steiff arbeitet bei der Pfarrersfrau und für die Aussteuer von deren Tochter. Eines Tages lässt sich die Dreiundzwanzigjährige vom Pfarrerssohn ins Dorf hinunterfahren. Er steht hinten auf dem Rollstuhl, aber er bekommt die Kurve nicht, wie ihr Bruder, der allerdings »das Fuhrwerk besser in Gewalt als der kleine Bube« hatte. Sie bricht sich den linken gelähmten Fuß und zieht sich Gesichtsverletzungen zu sowie einige Vorwürfe, doch »es war halt so schön, auch einmal schnell vorwärts zu kommen«.

Die Schwestern heiraten, Margarete ist nun allein zu Hause, die Eltern richten ihr im zweiten Stock eine eigene Wohnung und einen eigenen Arbeitsraum ein. (Wie kam sie dort nach oben oder im Rollstuhl wieder nach unten?) Sie gründet ihre eigene Schneiderei, ein »Filzkonfektions-

geschäft«, »sie stellt vom Kaffeewärmer bis zum Filzunterrock alles her«. Die Söhne ihres Bruders besuchen sie oft. Später zieht Johanna Röck zu ihr, eine Schwägerin ihres Bruders und vertrauliche Lebenspartnerin, die sie betreut.

Vor Weihnachten 1880 entsteht ein erster Filzelefant mit weicher Füllung, dessen Grundmuster Margarete Steiff in einer Modezeitschrift entdeckt und abgewandelt hat. Der Elefant erhält eine doppelte Funktion, als Nadelkissen geplant und ausgeliefert, verwandelt er sich zum Spielzeug. Die »Steifftiere« sind geboren. Einige Exemplare werden ins Verkaufsprogramm übernommen, die Verkaufszahlen klettern jedoch in kurzer Zeit auf mehrere hundert Stück pro Jahr, 1886 sind es fünftausend. Margarete Steiff beschäftigt nun einige Mitarbeiterinnen und auch Heimarbeiterinnen, sie sind nicht nur Angestellte, sondern die Chefin achtet auf ein persönliches Arbeitsverhältnis. 1893 wird die Firma umbenannt: »Filz-Spielwaren-Fabrik«. Zum »Elefäntle« kommen Esel, Pferde, Kamele, Hunde und Katzen hinzu. Die Filztiere müssen auch geschützt werden vor Kopien, der Elefant formt dazu seinen Rüssel zu einem S, dem Anfangsbuchstaben des Namens, später ist das Markenzeichen der berühmten »Knopf im Ohr«. Ein Elefant mit einem Stahlgerippe bekommt Räder, ist das die Idee einer Rollstuhlfahrerin?

Die Neffen treten in die Firma ein. Das Fabrikgebäude wird erweitert. Margarete Steiff stellt einen Antrag für eine Rampe: »Diese dient nämlich zum Transport meiner fußlahmen Person und ermöglicht mir die Übersicht über meine Geschäfte per Rollstuhl.« Das Bauamt blockiert das Gesuch zunächst, genehmigt es schließlich doch. Ein Satz Margarete Steiffs (eine Vorwegnahme eines Selbstbestimmt-Leben-Grundsatzes) passt dazu: »Mit meiner bekannten Unverfrorenheit nahm ich alles, was man für mich tat, zwar mit großem Dank, jedoch ganz selbstverständlich hin.« Die Rampe wird 1969 abgebrochen. Doch man kann sich nur vorstellen, dass die Steiff GmbH, aufgrund ihrer Gründerin, die Beschäfti-

gungspflicht von sechs Prozent behinderter Arbeitnehmerinnen mehr als üblich erfüllt. Sie brauchen ja deswegen nicht gleich einen behinderten Spielzeugbären zu produzieren.
1902 arbeiten zweihundert Menschen für die Spielwarenfabrik Steiff. Im selben Jahr erfindet der Neffe Richard Steiff den beweglichen Bären aus Plüsch. Margarete ist skeptisch hinsichtlich der Absatzmöglichkeiten, obwohl eine Journalistin den rührenden biografischen Abriss betitelt mit: »Wie ich Teddymutter wurde«. Margarete Steiffs Lebensweg steht in Kontrast zu den Werten, die der Teddybär repräsentiert, »Werte wie Trost, Wärme, Zeitlosigkeit, kurz: der Traum vom unversehrten Kinderleben«. Der Medienwissenschaftler bemerkt zu Recht, dass die Verklärung der Spielzeugfabrikantin zur »heiligen Margarete der Stofftiere« unangemessen sei und ihren Aufstieg von der einfachen Näherin zur erfolgreichen Unternehmerin harmonisiere. Seinen Namen hat der berühmte Spielzeugbär der Legende nach vom amerikanischen Präsidenten und begeisterten Bärenjäger Theodore (»Teddy«) Roosevelt. Der Teddybär soll als Tischdekoration für die Hochzeit seiner Tochter gedient haben. 1906 wird er zum »Nationalspielzeug« der USA, in Giengen in Süddeutschland werden 1907 fast eine Million von vierhundert Arbeiterinnen und eintausendachthundert Heimarbeiterinnen hergestellt.
Das expandierende Geschäft ist vor allem anstrengend vor Weihnachten. Margarete Steiff freut sich auf die Reisen an den Bodensee, aber Ruhestand ist nichts für sie, noch kurz vor ihrem Tod sagt sie: »... ich bin alle Tage im Geschäft, denn daheim ist mir's viel zu langweilig ...« Sie stirbt am 9. Mai 1909 an einer Lungenentzündung, in der Grabrede heißt es: »Ist's ein Wunder, wenn eins, dem man in der Kindheit wohl höchstens Blicke des Mitleids gönnte, dem man sicher eine wenig beachtete, stille, fast vergessene Existenz im Winkel voraussagte, so heraustritt an das Licht der Öffentlichkeit.«
Offenbar hatte Margarete Steiff keine Scheu sich im Rollstuhl porträtieren zu lassen, obwohl ihre Mimik sehr ernst, um nicht zu sagen *steif* wirkt, aber es gibt auch Aufnahmen, auf denen sie herzlich lacht. Dass auf vielen Fotos ebenso wie die Person der Rollstuhl zentral im Bild ist, verleitet fast zum Studium der Geschichte dessen Modernisierung: auf den einen Bildern sind die kleinen Räder hinten, wie damals üblich, auf den anderen aber vorne (wie heute in der Regel) und zudem mit einer Stange steuerbar (wie ein Handybike).

Vor kurzem feierte die Spielwarenfabrik Margarete Steiff GmbH und ganz Giengen an der Brenz den einhundertfünfzigsten Geburtstag der Firmengründerin. Das Ehrenbürgerrecht konnte ihr posthum nicht verliehen werden, weil, wie der Bürgermeister erklärt haben soll, dies leider das Verwaltungsrecht nicht zulasse für eine Frau, »die als Behinderte keine Ehechance hatte«. Als Ersatz enthüllte man eine Gedenktafel.

Anmerkung

Die Nacherzählung verdankt sich zwei Büchern. Das eine stammt vom Medienwissenschaftler Wolfgang Heger: »Das Tor zur Kindheit. Die Welt der Margarete Steiff«, herausgegeben vom Arbeitskreis für Stadtgeschichte, Giengen an der Brenz 1997; das andere von der Journalistin Sabine Völker-Kraemer: »Wie ich zur Teddymutter wurde. Das Leben der Margarete Steiff nach ihren eigenen Aufzeichnungen«, Quell Verlag Stuttgart 1996.

13

Der gehörlose Erfinder

Der Apparat hat etwas Majestätisches und ist zugleich ein eher schlichtes hohes massives Möbel aus Holz, in der oberen Hälfte mit einer angedeuteten gotischen Verzierung und einem einfachen Ornament, in der unteren mit einer Schranktür und kleinem Schloss. Im aufgeklappten, abgestützten Deckel steht hinten der dezente Schriftzug *Edison*, davor ragt ein Teil eines gebogenen Tonarms empor. An der rechten Seite ist eine elegante Kurbel zu erkennen.
Neben und vor dem Apparat sitzt, leicht gebückt, ein alter weißhaariger Mann. Seine Silhouette hebt sich vom dunkel nachgemalten Hintergrund ab. Sein Kopf hat er leicht zum Apparat hin geneigt. Er stützt seine Arme und Ellbogen auf den Knien und Oberschenkeln ab, auf denen er ein Buch liegen hat, dem er mit dem linken Unteram eine zusätzliche Unterlage gibt. In der linken Hand hält er zudem einen Stift. Der andere Arm ist steil angewinkelt, sodass sich seine rechte Hand in der bekannten typischen Geste hinter der Ohrmuschel befindet, um besser hören zu können.

Thomas Alva Edison (1847-1931) erfand den Fonografen – den Vorläufer des Grammofons, was er, selbst unmusikalisch, nicht vorausahnte. Zuerst als einfacher, aber exzellenter Telegrafentechniker tätig, begann er um 1870 als armer junger selbstständiger Erfinder – und richtete sich dann, nach einem Jahr »wohlhabend und kapitalkräftig«, aber bescheiden lebend, in Menlo Park (New York) ein Laboratorium ein.
Edison entwickelte die erste brauchbare Glühbirne mit einem Kohlefaden, die allerdings sehr teuer war und nicht lange hielt. Auf den verschiedensten technischen Gebieten meldete er über tausend Patente an. Er wurde beauftragt, »das Telefon marktreif zu machen«. Er richtete ein Elektrizitätswerk ein, entwickelte ein Verfahren zur Scheidung von Eisenerzen sowie zum Guss von Beton und baute ein Filmaufnahmegerät. Im Nachlass befinden sich dreitausendvierhundert Notizbücher mit handschriftlichen Aufzeichnungen und Skizzen seiner Erfindungen. Er wurde als »Volksheld« beschrieben, aber auch als Ignorant oder Scharlatan beschimpft.
»Thomas Alva Edison war ein grobgeschnitzter amerikanischer Individualist alten Stils, der allgemein als einer der ideenreichsten Erfinder der

Geschichte angesehen wird«, schreibt ein Biograf. »Edison hatte nur eine dürftige wissenschaftliche Ausbildung und verfuhr hauptsächlich nach dem Motto ›Probieren geht über Studieren‹.« Ein anderer Biograf notiert vom »König der Erfinder«: »Edison war wie besessen von den Geheimnissen der elektrischen Kraft, welche die Telegrafie ermöglichte.« Um seine zweite Frau warb er per Telegraf: »Ich fragte sie in Morsezeichen, ob sie mich heiraten wolle. Das Wort Ja ist telegrafisch ganz leicht zu geben – und sie gab es.« Dass er morste, war keine Laune, sondern hatte einen tieferen Grund.

Der kleine Edison wird »Al« gerufen, er galt als eigensinnig, außerordentlich neugierig, aber auch als schwierig und wurde von seinen Eltern oft verprügelt. In der Nachbarschaft war er, wie es heißt, als »Sorgenkind« bekannt, man empfand ihn »anders als die anderen Jungen«. Wegen einem seiner Streiche geriet die Scheune seines Vaters in Brand. Die Strafen und Züchtigungen nahm er hin und erduldete sie in einer merkwürdigen Gleichgültigkeit, sodass man sich fragte, ob dieser Junge »kein Gefühl« habe. Er spielte meistens allein. Er war oft krank und kurz vor dem Schuleintritt litt er schwer an Scharlach. In der Schule kam er nicht zurecht, sein Lehrer soll gesagt haben, er sei ein »Hohlkopf«, und auch sein Vater, ein erfolgloser Holz- und Futtermittelhändler, dachte, so sagte Edison später: »Ich sei dumm, und ich meinte schon fast selbst, ich sei ein Dummkopf.« Dies ließe sich im Kielwasser der Reihenfolge dumm-empfindungslos-taub interpretieren, aber Edison ist nicht gehörlos von Geburt an, und auch dann wären die metaphorischen Verknüpfungen unhaltbar.
Seine resolute Mutter unterrichtete ihren Sohn in der Folge selbst, sie war von seinen Fähigkeiten überzeugt, las ihm vor, gab ihm aber auch viel Freiraum. Mit zehn Jahren begann er im Keller mit Chemikalien zu

experimentieren, er interessierte sich für die gerade neu entwickelte Telegrafenübermittlung und die Elektrizität. »Manche seiner ›Experimente‹ waren freilich nichts weiter als Streiche«, bemerkt der Biograf, doch: »Was immer er lernte, er lernte es auf seine eigene Art.«
Mit zwölf Jahren musste er sich seinen Lebensunterhalt selbst verdienen. Edisons Familie war verarmt. Der Biograf notiert: »Eine frühe Fotografie, die mit 1861 datiert ist, zeigt ihn mit einer abgetragenen alten Mütze, schlecht angezogen, aber sehr nett und intelligent aussehend mit seiner hohen Stirn, den breiten Backenknochen und seinem herzhaften Lachen.« Er hatte einen Job als Eisenbahnjunge, er verkaufte im fahrenden Zug mit einem Korb »Zeitungen, Äpfel, belegte Brötchen, Melasse, Erdnüsse«. Im Rückblick wird er, obwohl er von morgens früh bis in die Nacht unterwegs war und arbeitete, diesen Lebensabschnitt als die »glücklichste Zeit meines Lebens« verklären. »Ich war gerade alt genug, um es mir in der Welt gut gehen zu lassen – aber noch nicht alt genug, um ihre Schwierigkeiten zu verstehen.«
»Dann aber«, schreibt der Biograf weiter, »als sollten die Lebensumstände für ihn noch schwerer werden, kam über ihn die schreckliche Not der Taubheit. Sie wird ihren Anfang genommen haben, als er etwa zwölf Jahre alt war, kurz nachdem er angefangen hatte, bei der Eisenbahn zu arbeiten. Lange Zeit nach dem Ereignis gab es widersprüchliche Berichte, wie dieses Unglück ›plötzlich‹ über ihn gekommen sei. Die früheren Geschichten über seine Knabenzeit sind ergreifend, aber irreführend. Nach den Symptomen zu urteilen, die er selbst und auch andere beschrieben haben, scheint seine Taubheit auf die Nachwirkungen einer Scharlacherkrankung in seiner Kindheit zurückzuführen zu sein und sich später durch wiederholte, nichtbehandelte Mittelohrentzündungen noch verschlimmert zu haben.«
Der Geschichte, dass er aufgrund von Ohrfeigen eines brutalen Schaffners gehörlos geworden sei, hat er selbst widersprochen. Allerdings hat ihn ein Eisenbahner, als er einmal zu spät kam, an den Ohren aufs hinterste Trittbrett hochgezogen und er spürte dabei »etwas in meinem Kopf knakken«. Es ist möglich, dass bei diesem Knacken die Bänder, die das innere Ohr mit dem Gehirn verbinden, gerissen sind. »Das allein würde aber nicht die Taubheit verursacht haben, denn die Bänder sind nicht mit dem Gehörgang verbunden, der zum Mittelohr führt«, erklärt der Biograf. Er kommentiert diesen entscheidenden Lebensabschnitt Edisons wie folgt und belegt ihn mit dessen eigenen Aussagen: »Die Aussichten für einen körperlich behinderten Jungen aus einer armen Familie waren alles andere als gut. Trotzdem konnte er weiterhin bei der Bahn arbeiten. Wenn der Zug in Bewegung war, konnte er trotz des Lärms der Lokomotive und des Ratterns der Räder recht gut hören, denn in einem lärmerfüllten Zug verständigen sich die Leute schreiend miteinander. ›Wenn der Zug noch so laut war, konnte ich hören, wie sich die Frauen einander Ge-

heimnisse erzählten. Aber wenn er anhielt und die Leute direkt neben mir sich in normaler Lautstärke unterhielten, konnte ich nichts hören ... Die Ärzte konnten mir nicht helfen.‹ Es lag in seiner Art, sich über ein Unglück, das ihm zustieß, mit einer gewissen Leichtigkeit hinwegzusetzen. Der Verlust eines seiner fünf Sinne (wie auch seine mangelnde Schulbildung) wurde von ihm manchmal als Vorteil oder sogar als wichtige Hilfe hingestellt. Es blieben ihm viele der Plagen erspart, die Menschen mit normalem Gehör erleiden müssen. Zum Beispiel konnte er sich umso besser konzentrieren oder ohne Störung etwas durchdenken. Der Lärm der Straßen der großen Städte störte ihn nicht. Aber was er auch über dieses Thema gesagt haben mag, seine engsten Freunde behaupteten, er sei nicht wirklich froh über seine Taubheit gewesen. In der Verborgenheit seines Tagebuchs bekannte er Jahre später mit unendlicher Traurigkeit: *›Ich habe keinen Vogel mehr singen hören, seit ich zwölf Jahre alt war.‹* Es ist allerdings auch wichtig, dass ihn sein Gehörverlust zu einem bedeutenden Wendepunkt in seinem Leben führte. Er zog sich mehr zurück und wurde scheuer; er wurde ernsthafter und nachdenklicher; er zwang sich zu intensiverem Lesen und beständigerem Studium, dem er in den vorangegangenen ein oder zwei Jahren mit einer gewissen Ziellosigkeit nachgegangen war.« Edison bemerkt: »In meiner Isolierung hatte ich Zeit, die Dinge zu überdenken.«
Dass Edison beschloss, Telegrafist zu werden, hat nach allgemeiner Ansicht »mit seinem Gebrechen« zu tun. Man kann sich dabei auf Edison selbst berufen, der sagte: »Früh bereits hatte ich bemerkt, dass meine Taubheit mich nicht davon abhielt, das Klicken eines Telegrafen zu hören. Von Anfang an empfand ich Taubheit als Vorteil für einen Telegrafisten. Während ich das laute Ticken des Instruments mit Sicherheit hören konnte, konnte ich andererseits andere und vielleicht störende Geräusche nicht vernehmen.« Mit dem rechten Ohr konnte er lange Zeit begrenzt hören, auch heißt es, »er biss in den Horntrichter, um die Tonschwingungen über die Kieferknochen zu übertragen«.

»Die wissenschaftliche Erforschung des Klangs faszinierte Edison – umso mehr, da er taub war«, betont der Biograf. Er hatte die Idee, »die menschliche Stimme zu speichern und wiederzugeben«. – »Bei der ersten Vorführung des Edisonschen Fonografen glaubten die meisten Leute, sie seien entweder verrückt geworden oder aber einem Bauchredner zum Opfer gefallen. Das Unheimliche war die große Einfachheit des Apparats.« Die Erfindung, die Edison berühmt machte, wird auf den 6. Dezember 1877 datiert. Aber Edison arbeitete nicht am Fonografen weiter, sondern er wollte nun »die Nacht mit ihrer Dunkelheit ... aus der Arena der Zivilisation« verbannen und elektrisches Licht herstellen. Er sagte: »Das elektrische Licht hat mir das umfangreichste Studium und die raffiniertesten Experimente abverlangt. Ich selbst verlor nie den Mut oder den Glauben an den Erfolg. Das kann ich allerdings nicht von allen meinen Partnern sagen.« Ein kleiner Hinweis darauf, dass er im Umgang mit seinen Mitarbeitern »schwierig« blieb bis ins Alter. Auch seine Schwerhörigkeit oder Gehörlosigkeit spielte dabei eine Rolle, denn eine »scheinbar milde Debatte« konnte »zur wüstesten Brüllerei« werden. Der Biograf schreibt: »So erinnert sich ein Besucher daran, dass Edison in seiner Bibliothek wütend auf und ab lief und seinen leitenden Angestellten idiotische Missgriffe vorwarf, während diese hilflos dastanden und ungehört ihre vergeblichen Erklärungen in seine tauben Ohren schrien.«

Dennoch lassen die Schilderungen seiner fast unerschöpflichen Erfindungskraft seine Gehörlosigkeit oft fast vergessen, als ob sie nicht mehr vorhanden wäre. Hat er etwa auch ein Hörgerät erfunden? Ein Vorläufer des heute umstrittenen Cochlea Implantats? Was das Mikrofon eines Kleincomputers registriert, wird über einen in die Gehörgangschnecke (Cochlea) implantierten Elektrofaden an den Hörnerv weitergeleitet. Allerdings nur wenn der Hörnerv intakt ist, kann es gelingen einen Höreindruck im Gehirn zu erzeugen.

Anmerkung

Ich stützte mich auf folgende zwei Biografien, die eine stammt von Matthew Josephson: »Thomas Alva Edison«. Kreißelmeier Verlag Icking und München 1969. Die andere von Fritz Vögtle: »Edison«. rororo Bildmonografien Reinbek bei Hamburg 1982.

14

Der behinderte Prinz

Die Fotografie zeigt das Porträt eines Prinzen. Der Anlass der Aufnahme war dessen zehnter Geburtstag. Prinz Willy schaut direkt in die Kamera. Er macht einen selbstgewissen Eindruck. Sein Gesichtsausdruck ließe sich wohl am ehesten als durchtrieben interpretieren. Das Lid des linken Auges wirkt ein wenig zugekniffen. Die Mundstellung unterstützt sowohl die Inszenierung der Erhabenheit als auch der Hochnäsigkeit. Der Prinz sitzt, leicht abgedreht, auf einem geschwungenen Stuhl. Er stützt dabei seinen rechten Arm auf einem kleinen Tisch ab und lässt die Hand locker über die Tischkante hängen. Er trägt eine Uniform mit Stehkragen und eine Schärpe über die linke Schulter. Die linke Hand, die auf seinem Schoß platziert ist, hält einen hellen Handschuh.
Die Fotografie stammt aus dem Jahr 1869. Die Geschichte der Fotografie war zu diesem Zeitpunkt gerade mal dreißig Jahre alt. Die Fotografen waren noch mehrheitlich ehemalige Porträtmaler. Sie dokumentierten nicht nur, sondern setzten ihre Modelle in Pose. So konnte beispielsweise die Hervorhebung der Hände zum Symbol für die Stellung der Person werden. Fleißige Hände, feine Hände.
An der Fotografie des Prinzen Willy fällt eigentlich auf den ersten Blick gar nichts Besonderes auf. Aber der Prinz gilt als behindert. Die Legende zum Bild sagt, dass der helle Handschuh den linken, gelähmten, kürzeren, verkümmerten, ja verkrüppelt genannten Arm optisch verlängern soll. Das Porträt normalisiert den Prinzen.

»Was kann man heute von einem Menschen wissen?« hat ein Philosoph vor dreißig Jahren gefragt. Die Antwort, sagte er, könne man nur konkret geben. Entscheidend sei, dass man von einem Problem ausgehe, das man unter einer Gesamtsicht erforschen könne. Ein Mensch stelle nämlich ein »einzelnes Allgemeines« dar. Bei einer geschichtlichen Person sei man auf möglichst umfassende Dokumente angewiesen.
Die Geschichte von Willy, dem behinderten Prinzen, wurde von einem Historiker aufgrund des Briefwechsels vor allem der Eltern untereinander rekonstruiert. Insbesondere die Stellungnahmen der Mutter, später auch gegenüber ihrem Sohn sind von Interesse. Dieser Briefwechsel

kommt einem dialogischen Tagebuch gleich. Der Historiker hat über zehntausend Briefe gelesen, die lange in einem Geheimzimmer versteckt waren. Wenn man ein solches intimes Konvolut entdeckt und entschlüsselt, dann werden Persönlichkeitsstrukturen, familiäre Verhaltensweisen und Mentalitäten verständlicher. Gesellschaftliche Verhältnisse und Verhängnisse spiegeln sich in einem konkreten Porträt oder können daran studiert werden.

Der Prinz, der tatsächlich Willy gerufen wird, heißt mit vollem Namen Friedrich Wilhelm Albert Victor. Seine Mutter, Victoria, ist Engländerin, sein Vater, Friedrich, Preuße. Ihr Sohn kommt in Berlin 1859 zur Welt. Er wird – und das wird zu dem zu behandelnden Problem – bei der Geburt behindert.

Der Prinz kommt verkehrt herum zur Welt. In der damaligen Zeit, Mitte des 19. Jahrhunderts, überleben in der Steißlage nur zwei von hundert Neugeborenen. Der Prinz lebt. Man schreibt dies zuerst dem Geschick des ärztlichen Geburtshelfers zu, das dann bald zum Unvermögen erklärt wird durch die unverkennbare Geburtsverletzung und eine mutmaßliche Hirnschädigung. Der Historiker postuliert, dass die Geschichte eines Geburtstraumas Aufschluss gebe über die spätere Entwicklung.

Die Mutter, Victoria, bei der Geburt Willys achtzehnjährig, schreibt an ihren Vater, die linke Hand ihres Säuglings sei »ungefähr halb so groß wie die andere, was mich erschreckt ...« Und sie hat Angst, »dass der Arm nur halb so lang wird wie der andere«. Das Kleinkind verhält sich gefühlsmäßig so, als ob es gar keinen linken Arm habe. Medizinische Messungen des Armes werden vorgenommen. Den Diagnosen folgen Behandlungen, es beginnt eine »grauenhafte Kindesmisshandlung«, wie der Historiker die medizinische Betreuung bezeichnet.

Erstens: Dem Arm des kleinen Prinzen wird – von damals angesehenen Medizinern – zwei Mal wöchentlich eine halbe Stunde animalische Bäder in einem frischgeschossenen Hasen verordnet. Die Wärme des Blutes soll mystisch dem Arm Kraft spenden.

Zweitens: Der gesunde rechte Arm wird täglich eine Stunde am Körper festgebunden. Der Prinz ist im Alter des Laufenlernens. Die Folge: Er stürzt häufig, aber er stützt sich nicht, wie therapeutisch erhofft, auf den linken gelähmten Arm ab. Wie sollte er auch? Doch die Mutter stellt fest: »... er wird derart verdrießlich und ärgerlich und heftig und leidenschaftlich, dass ich manchmal ganz nervös werde.«

Drittens: Weil Willy sich von seinem Arm abwendet, entwickelt sich ein so genannter Schiefhals, ein einseitiger Krampf der Halsmuskulatur. Die Ärzte verordnen täglich eine Stunde eine Kopfstreckmaschine. Die Mutter schreibt: »Das eigene Kind als ein missgebildetes behandelt zu sehen – das ist wirklich hart ... Die Ärzte sind manchmal sehr merkwürdig, sie wollen nicht gefühllos sein, das glaube ich schon, aber sie erscheinen

trotzdem so.« Mit sechs Jahren muss dennoch der entsprechende Halsmuskel operativ vom Schlüsselbein abgetrennt werden.
Viertens: Eine Armstreckmaschine kommt zum Einsatz.
Fünftens: Elektroschocks für den Arm.
Sechstens: Gymnastik für den Arm.
Es ist offensichtlich: Die Person des Prinzen wird auf seinen linken Arm reduziert. Die Mutter notiert: »Ich glaube, er würde eines Tages sehr gut aussehen, wenn er nicht durch den unglückseligen Arm so schrecklich schief wäre. Dies fällt vor allem in seinem Gesicht sehr auf ...« Sie beklagt den »schiefen Mund« und das »halb zugekniffene Auge«.

Der Pionier der Psychoanalyse bemerkte 1932: »Es ist gewöhnlich, dass Mütter, denen das Schicksal ein krankes oder sonst benachteiligtes Kind geschenkt hat, es für diese ungerechte Zurücksetzung durch ein Übermaß von Liebe zu entschädigen suchen. In dem zur Rede stehenden Fall benahm sich die stolze Mutter anders, sie entzog dem Kind ihre Liebe wegen seines Gebrechens.«
Der Historiker beschreibt die Mutter als liberal und belesen und zugleich als ehrgeizig und perfektionistisch. Er sagt, dass sie sich »tief gekränkt fühlte, kein perfektes Kind zur Welt gebracht zu haben«. Sie selbst schreibt über ihren Sohn: »... der Gedanke, dass er ein Krüppel bleibt, verfolgt mich.« Aber sie lastet ihm die Behinderung und deren mangelnde Überwindung auch an. Sie akzeptiert ihn nicht, wie er ist. Besser gesagt, sie anerkennt nur die Leistung, mit der es dem Prinzen in der Öffentlichkeit gelingt, seine Behinderung zu kompensieren und zu verheimlichen. Dabei hat sie Vorstellungen einer offenen Erziehung.

Der behinderte Prinz ist sieben Jahre alt, als der Hauslehrer Dr. Georg

Ernst Hinzpeter Ende 1866 eingestellt wird. Hinzpeter gilt als hart und spartanisch, denn seine vorgefertigt humanistische Erziehungsmaxime lautet: »Ein gesunder Geist in einem gesunden Körper.« Demgemäß ist er zwangsläufig über den Zustand seines Zögling schockiert. Er macht sich an die Arbeit. Er duldet keinen Widerspruch. Er überwacht alles. Er lobt nie. Er demütigt. Er greift eigenhändig ein, setzt beispielsweise beim Reitunterricht den herunterstürzenden, weinenden, körperbehinderten Prinzen immer wieder aufs Pferd. Er zweifelt am Erfolg seiner Erziehung, nicht aber an seinem Konzept, alles liegt am Zögling und dessen »bedauernswertem« Arm.

Die Mutter unterstützt den Erzieher. Sie antwortet ihrem elfjährigen Sohn 1870 in einem Brief: »Für Deine Handschrift kann ich Dir keine Komplimente machen, liebster Junge – sowohl die Hand als auch die Rechtschreibung sind schlecht – es gibt kaum ein Wort ohne Fehler oder fehlenden Buchstaben. Nun weißt Du, dass der Briefwechsel mit Deiner Mama nicht als Unterricht oder als lästige, unangenehme Pflichtübung aufgefasst werden darf – und dass es mir leid tun würde, wenn Dir das Schreiben nicht *ganz leicht* und natürlich fallen sollte, doch meine ich, dass Du Dir *etwas mehr Mühe* geben musst ... Und dann meine ich, dass alle Kinder mit *Respekt* für ihre Eltern unterzeichnen sollten, Du sagst ›Dein Dich *liebender* Sohn‹ – aber das wäre für eine Schwester oder einen Bruder oder Vetter genug – aber an die Eltern solltest Du ›Dein treuer‹ oder ›dankbarer‹ oder ›gehorsamer‹ oder ›ergebener‹ sagen. – Vielleicht hast Du das vergessen.«

Der Prinz begnügt sich vorerst, behält aber die Bloßstellung im Gedächtnis und lässt eines Tages das Briefeschreiben ganz, was die Mutter schwer kränkt.

Der sechzehnjährige Wilhelm schildert am 6. März 1875 seiner Mutter in einem Brief folgenden Traum, den der Historiker als »letzten Hilferuf nach Akzeptanz« deutet: »Ich habe ein kleines *Geheimnis*, das aber nur für Dich ist, nämlich einen merkwürdigen Traum. In der vergangenen Nacht träumte ich, dass ich mit Dir und einer anderen Dame spazieren ging; während des Gehens unterhieltet Ihr Euch darüber, wer die schönsten Hände hätte, worauf die Dame eine ganz plumpe Hand vorzeigte und behauptete, sie sei die schönste, dann kehrte sie uns den Rücken. In meiner Wut zerbrach ich ihren Parasol; Du aber legtest Deinen Arm um meine Taille, führtest mich zur Seite, zogst von Deiner lieben linken Hand – die ich so oft in Kassel küsste – den Handschuh und zeigtest mir Deine liebe schöne Hand, die ich sofort mit Küssen bedeckte ... Ich wünsche mir, dass Du das gleiche tust, wenn ich abends mit Dir alleine in Berlin bin.« Die Mutter reagiert distanziert, kühl. »Träume sind Schäume«, antwortet sie. (Früher spottete sie oft, »*Dich* nimmt *Keine* mit dem schwarzen Finger«.)

Beim Abitur 1877 ist die Mutter schockiert über den Charakter ihres Soh-

nes. Er gilt als selbstsüchtig, oberflächlich, arrogant, hart, kalt. Sie versteht ihn nicht, für sie wird Willy nie ein »normaler Mann«. Seine Übernahme des Throns im Mai 1888 wird, sagt der Historiker, von aristokratischen und demokratischen Kräften als Katastrophe empfunden.
Der Historiker betrachtet die Erziehung des Prinzen als gescheitert. Hinzpeter habe an seinem Zögling »Seelenmord« begangen. Viele Prinzipien dieser Prinzen-Erziehung und populären Pädagogik sind aber fatal erfolgreich. Sie tauchen zu Beginn des 20. Jahrhunderts als Maximen einer sozialdarwinistischen, sich modern nennenden so genannten Krüppelpädagogik wieder auf. Die Erziehung körperbehinderter Menschen habe deren vermeintliche »Krüppelseele« zu verhindern, zu »entkrüppeln«, wie man drakonisch sagte. Solches psychologisch-pädagogisch verbrämtes, eugenisches Gedankengut ist heute noch unterschwellig oder offen in humangenetischen Beratungskonzepten oder gentherapeutischen Vorstellungen wirksam.

Der Philosoph behauptet: »Das Wesentliche ist die Hierarchie. Der König ist, um-zu-herrschen, aber nicht, um Krüppel-zu-sein.« Die Behinderung des Prinzen wird durch Herrschaft im öffentlichen Erscheinungsbild »aufgehoben«. Sie ist da, aber der aristokratische Habitus erzwingt, ihre Bedeutung nach außen zu ignorieren.
Der Historiker kommentiert zusammenfassend Wilhelms Eigenarten wie folgt: »Die narzisstische Persönlichkeitsstörung, die sich in der Kindheit und Jugend aufgrund der geschilderten unglücklichen Begebenheiten herausstellte, führte fast zwangsläufig zur Betonung seines Hohenzollern Gottesgnadentums, der Konflikt mit den Eltern zu der von Hassliebe und Geltungssucht bestimmten Rivalität mit dem britischen Weltreich, das er ›beerben‹ wollte, und die gut gemeinte Folterei der Ärzte, die seinen Arm behandelten, sowie die spartanischen Erziehungsmethoden Hinzpeters zu einer abstoßenden Gefühlskälte Schwächeren gegenüber, die sich ebenso im Jagdgemetzel oder in der Kriegsbegeisterung zeigen konnte wie in dem Verlangen, dass beim Einschreiten der Truppe fünfhundert deutsche Arbeiter ›zur Strecke‹ gebracht werden sollten.« Das war um die Jahrhundertwende – mit dieser Festlegung breche ich hier ab.

Anmerkung

Der Philosoph ist Jean-Paul Sartre, der Pionier der Psychoanalyse natürlich Sigmund Freud. Der Historiker heißt John C. G. Röhl, seine bemerkenswerte Biografie – erschienen im Verlag C. H. Beck München 1993 – behandelt die Jugendjahre von Wilhelm II., dem letzten deutschen Kaiser.

15

Der Plakatmaler mit kurzen Beinen

Wie ist dieses Foto entstanden? Der Maler sitzt sich selbst gegenüber, das Alter Ego malt aber nicht. Eine Montage, klar, das ist eine plausible technische Antwort. Sie berührt aber kaum den Hintergedanken und Symbolgehalt der Darstellung: sich selbst in verschiedenen Rollen vergegenwärtigen. Der Maler, der Maler als Modell, zudem das im Entstehen begriffene Selbstbildnis, das einer Karikatur gleicht. Die Fotomontage dokumentiert Ironie und Distanz. Die Frage, ob der Maler sich zur Schau stellt, wird untergraben.
Henri de Toulouse-Lautrec (1864-1901) hat einen Hut auf, wie auf fast allen anderen Fotos, was man von medizinischer Seite damit erklärte, dass die vermutlich offene Fontanelle in der Folge seiner Erkrankung geschützt werden sollte. Der großrandige helle Hut bringt jedoch seine schwarzen Haare, neben dem Kinnbart, besonders zur Geltung. Kaum erkennbar ist seine auf die Nase geklemmte Brille. Die Karikatur auf der Leinwand der Staffelei übertreibt die Gesichtszüge im Profil: eine Knollennase und Punschlippen. Über das weiße Hemd trägt Lautrec eine enge dunkle Weste, die einen muskulösen Oberkörper betont. Die Hände des Modells, des Alter Ego, sind über dem Knie gefaltet und erscheinen vierkantig, wie man bemerkte. Lautrecs Hose ist fein schwarzweiß kariert, er hat Ober- und Unterschenkel angewinkelt, sodass die Füße, in schwarzen glänzenden Schuhen, auf den Zwischenstreben des Hockers aufliegen. Es entsteht der Eindruck, dass seine Beine zu kurz sind, um den Boden zu erreichen.
Um 1890 stellte Lautrecs Freund Maurice Guibert (1856-1913), der Vertreter einer Champagnerfirma war und den Ruf eines Lebemannes hatte, die Fotomontage her. Ein Kunsthistoriker kommentiert sie wie folgt: »Toulouse-Lautrec wusste um die Spaltung, die durch sein Wesen ging, aber er verstand sie geistreich zu verbergen. Eine berühmte Fotomontage zeigt den Maler, dem der Aristokrat Modell sitzt: ›Monsieur Toulouse malt das Porträt von Monsieur Lautrec-Monfa.‹ Ein solches Verdoppeln, das die Persönlichkeit polarisiert und beide Hälften wieder in das Gleichgewicht der Distanz bringt, wäre bei keinem von Lautrecs Zeitgenossen vorstellbar – man denke nur an Gauguin, van Gogh oder Munch. In der

Fotomontage von Guibert geben sich die beiden Hälften von Lautrecs fragiler Persönlichkeit mit weltmännischer Gelassenheit, als wären sie austauschbar.« Aber der Kunsthistoriker vergleicht Lautrec auch mit Pan, dem bocksgestaltigen Hirtengott, der Fruchtbarkeit bringt, durch sein plötzliches Erscheinen jedoch »panischen Schrecken« auslöst.

Es gibt ein in groben Zügen entworfenes Selbstporträts, das zwischen 1891 und 1897 entstand. Die Skizze besteht im Grunde nur aus ein paar Strichen, je drei für die Staffelei und die Beine des Hockers. Der lange Hals, Kopf und Hut entsprechen zusammen der Größe seines ganzen Körpers. Das Bild auf der Staffelei zeigt hier ein unregelmäßiges Oval, es gleicht dem Hut Toulouse-Lautrecs, von dessen Gesicht nur der markante schwarze Bart zu sehen ist. Er trägt eine Weste und die bekannte karierte Hose. Ein schwarzer spitzer Schuh steht auf der Querverstrebung des hohen Hockers. Lautrec hätte ihn wie eine Leiter besteigen müssen, – wenn er auf einen Barhocker kletterte, scherzte er über die Technik des Bergsteigens. Der Pinsel, den er in der Hand hält, entspricht ebenfalls lediglich einem langen waagrechten Strich. Die Leinwand und ihr Motiv wirken so wie eine Zielscheibe.

Es heißt, Toulouse-Lautrec sei während eines heftigen Herbstgewitters 1864 zur Welt gekommen. Drei Jahre nach seiner Geburt geht die Ehe seiner Eltern in die Brüche. Lautrec lebt bei seiner Mutter, er ist ihr petit bijou (kleines Schmuckstück). In der Schule rufen sie ihn mit dem Spitznamen petit bonhomme (Knirps). Der Vater wird als extravaganter Graf beschrieben, er wendet sich von seinem Sohn ab, weil dieser aufgrund der schmächtigen Beine nicht wie ein Mann mit ihm ausreiten kann. Lautrec malt die Pferde nur. Sein erster Lehrer, René Princeteau (1843-1914), ein Freund des Vaters, leitet ihn an. Der von Geburt an gehörlose Princeteau hat einen lokalen, mondänen Ruf als Tiermaler. Princeteau redet kehlig und liest von den Lippen ab. Lautrec lispelt, spricht überstürzt und verschluckt Silben. Princeteau wundert sich über dessen Talent und Schnelligkeit beim Malen, aber ebenso über die »Ungestalt« seines Schülers. Dass beide behindert sind, sollte nicht vorschnell als solidarische Geste ausgelegt werden.

Mit vierzehn bricht Lautrec sich den linken Oberschenkelknochen, ein Jahr später den rechten. Die Beinbrüche sind nicht so sehr Folge von Unfällen, sondern seines Knochenleidens. Mit fünfzehn wachsen seine Beine und Arme nicht mehr, sein Rumpf erscheint dagegen dem Alter entsprechend. Seine Körpergröße wird mit ein Meter zweiundfünfzig angegeben. Seine Mutter reist mit ihm zu Badekuren in die Pyrenäen und – selbst nach Lourdes.

In seinen frühen Briefen ist immer wieder von seinen Beinen die Rede: »Wenn ich meine Beine hier lassen und in einem Umschlag fort könnte« oder »Man war zufrieden mit meinen Beinen«. Er muss, wie er schreibt, sich der »Behandlung mit der elektrischen Bürste unterziehen«, das heißt einer Massage, die die Durchblutung anregen soll und die er über Jahre durchführt. Nach dem Bruch des linken Beines unterschreibt er mit: »Henry – mit der gebrochenen Pfote!!!« Aus Nizza berichtet er seinem Vater: »Meinen Beinen tun die Wärme und das Laufen gut.« Doch die Beine bleiben dünn und zerbrechlich. Zum Gehen benützt Lautrec einen Stock (im Alter ist dieser hohl und gefüllt mit Likör). Sein Gang wird als »watschelnd« beschrieben. Aber er soll ein guter Schwimmer und Segler gewesen sein, er hat einen kräftigen Oberkörper, später betätigt er sich regelmäßig im Atelier an einer Rudermaschine.

Die Feststellung seiner Behinderung wird auch schon mal »Urteilsspruch des Schicksals« genannt. Über die Ursachen gibt es viele Spekulationen. Die einen sprachen von »unvollkommener Osteogenese« (Knochenbildung), die anderen von »verzögerter Achondroplasie« (Kleinwüchsigkeit), heute hat man sich geeinigt auf Pyknodysostose (Störung des Knochenwachstums oder mangelhafte Knochenbildung). Von der Genetik wird die Behinderung mit Bezug auf den Verwandtschaftsgrad seiner beiden Großmütter erklärt, sie waren Schwestern. Das verursachende Gen könne auf Chromosom 1 lokalisiert werden. Die Abbildungen, die Lautrec zeigen, ließen aber keinen eindeutigen Schluss zu, nur eine Genanalyse der noch lebenden Nachfahren könnte dies bestätigen.

Ein Biograf beschreibt Lautrecs Eintritt in ein Pariser Atelier: »Am ersten Tag mochten die anderen Schüler beim Anblick des Zwergs laut herausgelacht haben: der Leib saß auf zwei winzigen Beinchen, die in schwarzweiß karierten Hosen staken, der Kopf wirkte unmäßig groß, auf der dicken Nase baumelte ein stahlgefasster Kneifer, die wulstigen Lippen glänzten von Speichel, aus dem abfallenden Kinn sprossen schwarze Stoppeln, hart wie Bürstenhaar.« Aber: »Lautrec bezwingt die Menschen durch seine Anständigkeit, sein ungezwungenes Benehmen und munte-

res Wesen, seine lustigen und eigenwilligen Streiche.« Ein mit ihm befreundeter Schriftsteller wird ferner bemerken: »Er wächst mit jeder Begegnung.«
Mit dem Jugendfreund und Psychiater Henri Bourges (1860-1942) lebt Toulouse-Lautrec fünf Jahre in Paris zusammen. Eines Tages bittet Lautrec Bourges, in die »Irrenanstalt« mitgehen zu können, um dort einen psychisch kranken Schriftsteller zu besuchen, in der Hoffnung auf ein neues Motiv. Als er eintrifft, glauben einige geistig behinderte Kinder, es handle sich beim kleinwüchsigen Maler um einen Neuzugang. »Die ganze Schar rennt herbei und gibt lärmend ihrer Freude Ausdruck. Lautrec ist das Lachen vergangen. So schnell wie nur möglich humpelt er davon, gedeckt von seinen Freunden, die der peinliche Auftritt selbst in tödliche Verlegenheit gebracht hat«, notiert der Biograf.
Das Angebot des Vaters, ein Atelier in einem vornehmen Pariser Bezirk zu beziehen, lehnt er ab. Zudem verlangt der Vater, dass er ein Pseudonym verwende, weil er die Ehre der adligen Familie durch den Maler des Vergnügungsviertels Montmartre gefährdet sieht. Kurzzeitig geht Lautrec darauf ein und signiert mit dem Anagramm Treclau, dann aber setzt er sein typisches Monogramm HTL, in einem Kreis ineinander geschachtelt, darunter.

Der gutmütige Guibert zieht mit Lautrec durch die Bars und Bordelle. »Ausgestoßen und verachtet, geht er zu denen, die ausgestoßen und verachtet sind«, schreibt der Biograf. Die Motive schockieren, doch sie sind von ihm auf Authentizität angelegt. Er ist nicht bloß Beobachter des Amüsements, sondern er beteiligt sich auch und infiziert sich mit der Syphilis bei einem seiner Modelle. Zeichnet und malt Lautrec die einschlägigen Tänzerinnen und Prostituierten aus respektvoller Distanz oder porträtiert er sie aus sozialer Nähe, in intimer Kenner- und Komplizenschaft? Die Antwort geben die Bilder.
»Über Lautrecs Liebesleben ist aus Mangel an authentischen Dokumenten viel Hypothetisches geschrieben worden«, sagt ein moderner Biograf. Einige Zeit lebt er mit Marie-Clémentin Valade zusammen, man behauptet: »Dieses frühreife Früchtchen entdeckt in seiner Monstrosität das gewisse Etwas.« Doch Marie, die ehemalige Wäscherin, nennt sich später Suzanne Valadon und wird selbst eine bekannte Malerin. Lautrec hat mehrere Beziehungen und es wird ihm eine Vorliebe für Rothaarige und – für Verkleidungen nachgesagt.
Die Prostituierten geben ihm den übernahmen »Kaffeekanne« und »Dreifuß«, auf die angebliche Übergröße seines Geschlechtsteils anspielend. Es ist schwer vorstellbar, dass die Prostituierten wussten, dass schon in der Antike kleinwüchsige und bucklige Figuren mit überdimensioniertem Glied bei Festen auf den Tischen standen, zur Belustigung, Sensationsbefriedigung und um Übel abzuwehren.

Als Plakatmaler wird Lautrec über Nacht berühmt, ein zuerst auf der Straße akzeptierter Künstler. Seine populären Plakate werden jedoch als »Prostitution der Kunst« begriffen. Die Dynamik seiner Plakate – zum Beispiel für den mit ihm befreundeten Chansonnier Aristide Bruant, dessen Trick es war, das Publikum zu beschimpfen – geht über das Dekorative und Werbende weit hinaus. Lautrec macht auch Plakate für die Erfindung des Gummireifens durch Dunlop und das Fahrradfahren. Er ist bei Radrennen anwesend und schwärmt für die Rennfahrer. Ein Plakat muss er überarbeiten, er hat die Pedale an der falschen Stelle gezeichnet.
Viele seiner Bilder hätten Schnappschusscharakter, zudem seien seine Bilder durch eine »Kinderperspektive« bestimmt, meint man, den Betrachtern werde eine tiefere Position als die der Dargestellten aufgedrängt. Was sonst leicht zu einer Idealisierung führt – die Erhöhung der Abgebildeten –, bleibt bei Lautrec aus. Er schmeichelt den Porträtierten nicht. Er beharre sogar auf dem Hässlichen, unterstellte man ihm. Er postuliert hingegen, dass auch das »Hässliche seine bezaubernden Aspekte« habe. Er entscheidet sich für die Menschen, wie sie wirklich sind – und gegen die Landschaft, »meine Bäume sehen aus wie Spinat«, sagt er.
Lautrec, zwar unpolitisch, sympathisiert mit den Salonanarchisten des Montmartre. Sein Name verbindet sich mit dem magischen Moulin Rouge. Das bekannte Bild gleichen Namens hinterließ er seinem Vater, der damit nichts anzufangen wusste. Es sei nicht auszuschließen, wird vermutet, dass nach Lautrecs Tod die Familie einige von ihr als ordinär empfundene Bilder vernichtete.

Entgegen seinem Losungswort »Man muss sich selber ertragen können« verlaufen seine letzten Lebensjahre in einem selbstzerstörerischen »tragischen Verfall«. Um seine Alkoholabhängigkeit zu heilen, bringen ihn seine Freunde in eine Nervenheilklinik. Hier schreibt er seinem Vater: »Papa, Sie haben die Gelegenheit, als Ehrenmann zu handeln. Ich bin eingesperrt, und wer das ist, stirbt.« Eine Antwort ist nicht überliefert.
Lautrec gelingt es, wieder zu malen und er sieht seine Bilder als Beweis für seine Gesundheit. Die Weltausstellung 1900 besucht er als Mitglied der Plakat-Jury im Rollstuhl. Er erleidet einen Schlaganfall, seine Beine sind gelähmt. Seine Mutter pflegt ihn auf ihrem Schloss in Malromé bei Bordeaux, wo er 1901 stirbt. Dennoch wird behauptet, er sei im »Irrenhaus« gestorben, es passt zu den Vorurteilen. Man schrieb: »Dieser missgestaltete, hinkende, groteske Mann war eine seltene Erscheinung, ein Symbol für sein Werk«.

Ein Foto zeigt Lautrec mit Melone neben seinem Freund Maurice Guibert, dem er den Puls fühlt, und seinem Cousin und engen Freund Gabriel, einem Chirurgen, mit weißer Schürze. Guibert überragt Lautrec um einen Kopf, Gabriel aber ebenso Guibert.

Viele Interpreten beginnen die Charakterisierung von Lautrecs Werk mit einer Beschreibung seiner Person, als ob es entscheidend sei, seine Behinderung oder Körpergröße als Voraussetzung seines künstlerischen Schaffens darzustellen. Die Gestalt Lautrecs gab vielfach Anlass für literarische und filmische Veranschaulichungen, eher Verzerrungen. In einem Brief an seine Großmutter väterlicherseits bemerkt Lautrec 1886: »Ich würde Ihnen gerne ein wenig von dem erzählen, was ich tue, aber das ist alles speziell, völlig ›außer der Norm‹. Papa würde mich natürlich als Outsider bezeichnen.«

Anmerkung

Ich stützte mich auf folgende Biografien: Henri Perruchot: »Toulouse-Lautrec«, Paris (Esslingen am Neckar) 1958 sowie die rororo Bildmonografie von Matthias Arnold, Reinbek bei Hamburg 1982. Hinzu nahm ich die Ausführungen des Kunsthistorikers Werner Hofmann im Katalog der Ausstellung der Hamburger Kunsthalle »Pariser Leben, Toulouse-Lautrec und seine Welt« 1985 und die Bemerkungen im Buch »Kleine Menschen – Große Kunst«, herausgegeben von Alfred Enderle u. a., Hamm 1992. »Die Briefe von Henri de Toulouse-Lautrec«, herausgegeben von Herbert D. Schimmel, München 1992 enthalten die meisten der von ihm zitierten Sätze.

16

Die kleine gebrechliche Revolutionärin

Mit dynamischem Schritt, wie es scheint, kommt Rosa Luxemburg (1871-1919) den Betrachterinnen und Betrachtern auf einem breiten, leeren Bürgersteig entgegen. Nicht nur Selbstsicherheit, auch eine gewisse Herzlichkeit liegt im Bild ihrer Person. Sie trägt ein weites, langes, schlichtes Kleid, mit einer Verzierung am Saum, in der Taille leicht zusammengeschnürt, und auf dem Kopf einen hellen Hut, breitrandig und mit einem Tuch geschmückt. In der rechten Hand hält sie ein Täschchen. Im Hintergrund deuten die Schatten der Bäume eine Allee an, links im Bild ist eine kleine Mauer mit einem hohen metallenen Gitterzaun zu sehen.
Auf zahlreichen anderen Aufnahmen ist Rosa Luxemburg mit ebenso weiten, manchmal gemusterten Röcken und meistens weißen Blusen bekleidet. Man kann erkennen, dass sie in Begleitung ihrer Freundinnen auch mit stattlichem Hut gerade mal so groß ist wie diese ohne Kopfbedeckung. Sie habe ihre Haare ganz bewusst stets hoch gesteckt, sagt man, um größer zu erscheinen und ihr großer Kopf habe »mehreren Hutmacherinnen das Leben vergällt«. Die umfassendsten Biografie Rosa Luxemburgs schildert ihre Erscheinung wie folgt: »In der Kleidung, bis hinab zu den blankgeputzten Schuhen, war sie anspruchsvoll. Ihre Kleider waren einfach, aber wertvoll; schmucklos, aber sorgfältig auf die beabsichtigte Wirkung hin ausgesucht; sie waren nie aufdringlich, nie Selbstzweck – Begleitung, nicht Thema. Einen in früher Kindheit erworbenen Hüftschaden hatte sie so bezwungen, dass man nichts von ihm bemerkte, außer beim Gehen – und sie war eine große Fußgängerin, gerade weil es ihr schwer fiel.« Eine ihrer Freundinnen, Luise Kautsky, bemerkte: »Ihr Äußeres war klein und wäre unscheinbar gewesen, hätten nicht ihre schönen, leuchtenden Augen, das feine Oval ihres Gesichts, der schöne Teint und das reiche dunkle Haar sowie hauptsächlich der Ausdruck von Intelligenz sie verschönt.« Eine andere, Clara Zetkin, hob hervor: »Die kleine gebrechliche Rosa war die Verkörperung beispielloser Energie.«

Rosa Luxemburg wurde im Südosten Polens geboren. Sie war das jüngste von fünf Geschwistern, drei Brüdern und zwei Schwestern und die Tochter eines assimilierten jüdischen Holzhändlers. Die Familie lebte in be-

scheidenem Wohlstand und zog bald nach ihrer Geburt nach Warschau um.
Im Alter von fünf Jahren wurde Rosa untersucht – ein Jahr lang lag sie im Gips im Bett –, mit Verdacht auf Hüfttuberkulose, andere biografische Angaben sprechen vom Kurieren eines angeborenen Hüftschadens. Fest steht, dass danach ein Bein kürzer als das andere war und sie hinkte. Die ärztlichen Behandlungen wurden fortgeführt mit Bädern, Kompressen und Streckverbänden.
Eine Biografin erwähnt, dass Rosa Luxemburg lange nicht auf den Gedanken gekommen sei, »dass die Behandlungen nicht helfen könnten. Sie konnte sich nicht vorstellen, dass sie selbst ein Bein hinter sich herzöge wie ihre ältere Schwester oder unfähig wäre, wie andere Kinder zu laufen. Die körperlichen Beschwerden waren für sie leichter zu ertragen als die Augenfälligkeit der Behinderung ... Ihre ganze Kraft konzentrierte sich darauf, das Hinken zu verringern; es war ein Triumph, auf der Straße unbemerkt vorbeizugehen.« Die Biografin betont im Übrigen, dass es neben der bekannten Revolutionärin »einen weithin unbekannten Menschen« darzustellen gelte, »dreifach stigmatisiert: als Frau, als Jüdin und als Krüppel«. Auch eine Bildmonografie Rosa Luxemburgs beginnt damit, dass in ihrer Person verschiedene kontrastreiche Begebenheiten zusammenfielen: ihre »winzige Gestalt« und ihre »lange Nase« hätten »langjährige Liebesbeziehungen« nicht ausgeschlossen; »trotz« ihres Geschlechtes und ihres jüdischen Glaubens sei sie in die »Führungsspitze solcher geschichtsbildender Bewegungen wie der sozialdemokratischen und kommunistischen« gelangt; und »trotz« russisch-polnischer Herkunft erschienen ihre »unvergänglichen Sätze« in einer dritten, der deutschen Sprache; mit der grimmigen Quintessenz, »dass der durch Selbstdisziplin gestählte Krüppel aus Polen Deutschlands

zähester Friedenskämpfer« (doch eher Friedenskämpferin) gewesen sei. Rosa Luxemburg besuchte das russische Gymnasium für Mädchen, auch hier fiel sie auf, was sie sehr ängstigte. »Wäre sie nicht verkrüppelt gewesen«, vermutet die Biografin, »vielleicht hätte sie mehr Selbstvertrauen gehabt. Und hätte sie ein starkes Gefühl der Zugehörigkeit zur jüdischen Tradition gehabt, vielleicht hätte sie weniger verzweifelt darum gekämpft, als Polin akzeptiert zu werden. Die Erfüllung ihres natürlichen Wunsches – so zu sein wie alle anderen – lag außerhalb ihrer Reichweite. Das musste sie akzeptieren; sie tat es und konzentrierte sich darauf, die Aufmerksamkeit von ihren semitischen Zügen und ihrem verkürzten Bein abzulenken auf ihren Geist ... Sie gab sich selbst die Rolle der Starken ...«
Die Biografin fügt folgende Bildbeschreibung hinzu: »Ein Foto der sechzehnjährigen Rosa aus dem Jahre 1886 zeigt ein strenges Gesicht, abweisend und eigensinnig. Der entschlossene Gesichtsausdruck verdeckt keineswegs die Traurigkeit in den großen Augen. Die vollen Lippen sind fest zusammengepresst, und es liegt eine kaum merkliche Spur Ironie oder vielleicht Überheblichkeit im Blick. Ein ungewöhnliches Gesicht: nicht ein Hauch von Schüchternheit, nur Stolz, nichts Sanftes, sondern unterdrückte Geduld. Rosa war früh gereift, hatte gelernt, ihr Hinken zu kontrollieren, das betont hervortrat, wenn sie müde war, sie hatte gelernt, ihr Gesicht zu beherrschen, um Erschöpfung zu verbergen. Ihre Mutter kümmerte sich um ihre Kleidung, die so geschnitten war, dass sie ihren körperlichen Defekt überdeckte.«
Die Jugendliche Rosa Luxemburg schloss sich einer illegalen sozialistischen Gruppe namens »Proletariat« an. 1889 verließ sie Warschau, studierte in Zürich Philosophie und Staatsrecht und promovierte 1897.

Im August 1893 hatte Rosa Luxemburg ihren ersten öffentlichen, politischen Auftritt mit einer Rede auf einem Kongress der Zweiten Sozialistischen Internationalen. Zeitgenossen erinnern sich: »Sie war klein mit einem unverhältnismäßig großen Kopf, mit fleischiger Nase in einem typisch jüdischen Gesicht ... Sie ging mit einem betonten Hinken, schwerfällig, stockend. Auf den ersten Blick machte sie keinen erfreulichen Eindruck, aber es dauerte nicht lange und man sah eine Frau, die vor Leben und Geist barst und die mit einem bemerkenswerten Intellekt ausgestattet war.« Ein anderer: »Rosa, damals dreiundzwanzig Jahre alt, war mit Ausnahme einiger sozialistischer Kreise Deutschlands und Polens vollkommen unbekannt ... Ihre Gegner hatten gegen sie einen schweren Stand. Ich sehe sie noch, wie sie aus der Menge der Delegierten aufsprang und sich auf einen Stuhl schwang, um besser verstanden zu werden. Klein, schmächtig, zierlich in ihrem Sommerkleid, das geschickt ihren körperlichen Fehler verbarg, verfocht sie ihre Sache mit solchem Magnetismus im Blick und mit so flammenden Worten, dass die Masse des Kongresses, erobert und bezaubert, die Hand für die Zulassung (der antinationalistischen sozialistischen Partei Polens) erhob.« Diese Beschreibungen beinhalten ein charakteristisches Schwanken zwischen Bewunderung und Abneigung, zwischen Opportunismus und Bloßstellung. Obwohl sich Rosa Luxemburg gar nicht für besondere Frauenrechte oder besonders für die Frauenbewegung interessierte – »sie schrieb ihr spalterische Wirkung für die Sache zu«, nannte man sie ein »hysterisches und zänkisches Frauenzimmer«. Sie wurde von den Genossen als »giftige Nudel« oder »respektlose Stechmücke« verspottet und als »hinkendes, hakennasiges Monster« karikiert. Es wird berichtet, dass sie diese »Bissigkeiten mit gleicher polemischer Schärfe« abwehrte. Dennoch: »Ihr plötzlicher Erfolg war trügerisch«, schreibt die Biografin, – er verschleierte auch ihre Verletzbarkeit.

Ihre kleine Figur kompensierte Rosa Luxemburg mit »großen, kräftigen Dienstmädchen«, eine Freundin überlieferte, dass sie gesagt habe, sie wolle nicht, »dass ihre Besucher glauben sollten, sie seien in ein ›Zwergenheim‹ geraten«. Die einen deuten dies als Scherz, der nicht auf »verdrängte Bitterkeit« hinweise, andere wiederum meinen, Rosa Luxemburg habe ihre Gestalt durchaus als »unverdiente Kränkung« empfunden. Obwohl man festgestellt hat: »Der Oberkörper war normal entwickelt und im Sitzen schien sie als Erwachsene von normaler Größe; wenn sie aber aufstand, war sie eine äußerst kleine Frau.« Allerdings behauptete ein Mediziner, der als Jugendlicher mit Rosa Luxemburg bekannt war, dass ihr ein »Zug von Grausamkeit« nicht nur gegen Feinde, sondern auch gegen »ihr nahe stehende Menschen« eigen gewesen sei, aufgrund ihrer eigenen Behinderung hätte sie »anderen Leuten körperliche Leiden und Verunstaltungen nicht verzeihen« können. Eine Warschauer Zeitung denunzierte jedoch schon 1910 Rosa Luxemburgs Körperbehinderung als ein Zeichen jüdischer Degeneration.

Sie war ordentlich und diszipliniert, hatte aber auch den Ruf einer Verschwenderin, ein Freund, der ihr eine Geldsumme testamentarisch vermachte, sagte, sie sei »in der Privatökonomie vielleicht keine ganz so geniale Meisterin wie in der Nationalökonomie«. Der Umgang mit ihr sei nicht einfach gewesen, sie galt als temperamentvoll und zugleich streng, ihr Urteil über Personen als unerbittlich. In ihren Beziehungen stellte sie hohe Ansprüche, dennoch war sie beliebt als »Beraterin und Trösterin« ihrer Freundinnen und Freunde. Ihr Selbstbewusstsein wurde geschätzt, aber man konstatierte auch einen »Mangel an Zurückhaltung«. Ihr »rastloser Tätigkeitsdrang« entsprach ihrem mutigen Auftreten. »Ihr Geschmack war konservativ und klassisch.«

»Schreiben war ihr natürliches Element«, heißt es in der umfassendsten Biografie. Und weiter: »Rosa Luxemburg war vor allem Journalistin und Pamphletistin. Sie schrieb schnell und mit wenig Korrekturen; wie je-

dem guten Praktiker kamen ihr die Gedanken beim Schreiben, sodass sie am Anfang des Artikels nicht immer wusste, was sie am Schluss sagen würde. Das ist der Grund, weshalb bei ihr die wirklich interessanten Gedanken sehr oft nicht in der Hauptlinie der Argumentation erscheinen, sondern in beiläufigen Bemerkungen aufblitzen.«
Zu einer Erzählung mit dem Titel »Der blinde Musiker« vom russischen Schriftsteller Wladimir Korolenko, dessen Autobiografie sie 1918 im Gefängnis Breslau ins Deutsche übersetzte, notiert Rosa Luxemburg: »Angeborene Krüppelhaftigkeit kann zwar Quelle vieler Konflikte im menschlichen Leben werden, ist aber selbst jenseits des menschlichen Wollens und Handelns, jenseits von Schuld und Sühne, ausgenommen etwa die Fälle, wo sie als Erbstück das Verschulden der Eltern zum Fluche der Kinder macht.« Kann das auf ihre Situation übertragen werden? Zumal die Biografin schreibt, dass sie »als Erwachsene ihren Eltern die Schuld« an ihrer Behinderung gegeben habe, ihrem Zustand, der »ihrer Meinung nach hätte vermieden werden können, wenn er früher erkannt und richtig behandelt worden wäre«, was man aber bezweifelt hat. Was schlägt Rosa Luxemburg als Lösung vor? Sie lehrt im Zusammenhang von Korolenkos Erzählung, dass nur »die Solidarität mit dem Massenleid« als das einzig »Rettende und Lichtspendende für den Einzelnen wie für die Allgemeinheit« bleibe. Rosa Luxemburg glaubt an die Masse, sie begreift sie als »revolutionäre Potenz«, obwohl sie selbst, wie überliefert wird, »bei der Berührung mit der Masse fremder Menschen Übelkeit« empfindet. Die Identifizierung verdeckt zugleich die Instrumentalisierung. Rosa Luxemburg ging davon aus, dass in »abnormen sozialen Verhältnissen«, das heißt in allen Verhältnissen, die auf »sozialer Ungleichheit basierten«, stets »Seelenverkrüppelungen zur Massenerscheinung« würden.

Dass viele von Rosa Luxemburg nur einen Satz kennen – »Freiheit ist immer nur Freiheit des anders Denkenden« –, machte sie als Person zum Mythos. Dass manche diesen berühmten Satz für ihre eigenen Zwecke benutzen, ändert wenig an seinem Gehalt. Der Satz steht im Kontext ihrer Stellungnahme zur russischen Revolution und ist gegen die dogmatischen Tendenzen der Bolschewiki gerichtet. »Freiheit nur für die Anhänger der Regierung, nur für die Mitglieder einer Partei – mögen sie noch so zahlreich sein – ist keine Freiheit«, heißt der Satz vor dem Epoche machenden Einspruch. Rosa Luxemburg schrieb den Satz im Gefängnis, in dem sie einsaß wegen »freiheitsgefährdender Umtriebe«, das heißt wegen ihrer Position gegen den imperialistischen Ersten Weltkrieg. Sie war stolz, mit den Politischen in einer Zelle zu sitzen und nicht bei den »Gemeinen und Geisteskranken«. Ihre Briefe aus dem Gefängnis gehören zu den vielschichtigen und persönlichsten Texten, die stets mit politischen Anliegen – wenn auch notgedrungen indirekt – verbunden

bleiben. Wenn auch mit System die Ausklammerung des Persönlichen betrieben wird, es kehrt auf eine Weise wieder, die scheinbare Nebensächlichkeiten in ein bedeutsames Licht stellen.
Ihre Kontroverse mit Lenin und dessen Führungsstil machte sie zur Vorläuferin des demokratischen Sozialismus, ihre brutale und demütigende Ermordung zur Legende. »Rosa Luxemburg und Karl Liebknecht hatten es beide als höchste Ehre für einen Sozialisten betrachtet, im Kampf zu sterben. Rosas Tod passte zu ihr und bewahrte sie vor Stalins Schandpfahl«, lässt sich in der umfassendsten Biografie lesen. Sie ging als Märtyrerin in die Geschichte ein. Sodass man sagen konnte: »Rosa Luxemburgs Statur hat seit ihrem Ende von Mörderhand an Größe fast ständig zugenommen.«

Anmerkung

Die Zitate der Freundinnen, Clara Zetkin und Luise Kautsky, sind der rororo-Bildmonografie von Helmut Hirsch: »Rosa Luxemburg«, Reinbek bei Hamburg 1969, entnommen. Die Biografin heißt Elizabieta Ettinger: »Rosa Luxemburg«, Verlag J.H.W. Dietz Nachf. Bonn 1990; diesem Buch habe ich die Aussagen der Zeitzeugen entnommen. Die umfassendste Biografie stammt von Peter Nettl: »Rosa Luxemburg«, Kiepenheuer & Witsch Köln 1967.

17

Der behinderte Präsident

Zuerst erscheint in der einen Zeitung eine dreizehn Zeilen lange Agenturmeldung, in der es heißt, dass sich der amtierende US-Präsident in die Debatte über ein Denkmal eines sehr bedeutenden Vorgängers eingeschaltet habe: Franklin D. Roosevelt (1882-1945). Zu dessen Gedenken gehöre eine Statue, die Roosevelt im Rollstuhl präsentiere. Eine andere, größere Tageszeitung publiziert dann eine Woche später auf der Titelseite – gerahmt und abgehoben von den anderen Meldungen – einen Bericht, der das Denkmal beschreibt. Es zeige »lediglich einen sitzenden Präsidenten, dessen weiter Mantel bis auf den Boden reicht und den Rollstuhl unter ihm überdeckt«. Die Kontroverse um das Denkmal hätten die Behindertenverbände mit der Behauptung ausgelöst, »schließlich habe die Behinderung die Willensstärke Roosevelts gefestigt« und deshalb sollte sein Rollstuhl zu sehen sein, zumal ein Originalexemplar noch erhalten sei. Die Denkmal-Kommission befand, berichtet eine Wochenzeitung, dass sie kein Denkmal für »Behinderte« bauten, Menschen mit Behinderungen erwiderten, dass ihnen ein Vorbild genommen werde.
Die eine Tageszeitung, die mit der Agenturmeldung vorausging, bringt nun von der Enthüllung des Denkmals einen Bericht mit Foto. Letzteres dokumentiert Roosevelt mit dem erwähnten weiten Mantel, den Blick in die Ferne gerichtet. Im Text steht: »Wer die bronzene Nachbildung Roosevelts genau betrachtet erkennt, dass der von einem Cape umhüllte Präsident im Rollstuhl sitzt. Man muss sich dazu in den Zwischenraum zwischen Steinmauer und Standbild zwängen, um die zwei kleinen Räder zu sehen, die aus dem Umhang hervorlugen.« Auf dem Agenturfoto ist noch ein behinderter Mann im Elektrorollstuhl am rechten Bildrand vor dem Denkmal abgebildet.
Unter der Rubrik »Personalien« berichtet dann ein politisches Wochenmagazin, ebenfalls mit Foto vom Denkmal-Streit. Der amtierende US-Präsident mache sich »stark gegen die historische Wahrheit« in »vermeintlicher politischer Korrektheit«. Denn: »Roosevelt hatte stets die Tatsache zu verbergen versucht, dass er nicht gehen konnte und auf den Rollstuhl angewiesen sei. Diesem lebenslangen Täuschungsversuch entspricht die Darstellung im Memorial.« Eine Wochenzeitung fragt darauf:

»Darf der wohl bedeutendste amerikanische Politiker des 20. Jahrhunderts behindert gewesen sein? Und – schwieriger noch – darf diese Behinderung der Nachwelt sichtbar gemacht werden?« Die Wochenzeitung behauptet, dass »der in Bronze gegossene Präsident jedenfalls nicht im Rollstuhl, sondern auf einem gewöhnlichen Stuhl« sitze, während das Wochenmagazin immerhin noch das zentrale Argument des amtierenden US-Präsidenten für seine Stellungnahme anführt: Wenn Roosevelt »heute leben würde, würde er darauf bestehen, im Rollstuhl dargestellt zu werden«. Eine Sonntagszeitung schreibt, so wie Roosevelt nun geehrt werde – im Rollstuhl, der aber vom langen Cape verdeckt werde –, handle es sich um einen Kompromiss, denn ursprünglich sollte er »aufrecht stehend in Bronze verewigt werden«. Auf der Ebene der unterschiedlichen, zum Teil sich widersprechenden Nachrichten, weiß man nun nicht mehr, was dem Denkmal intentional und real zu Grunde lag. Die Meldungen machen die Wirklichkeit zur Konstruktion. Auf der Ebene der Interpretation und der Bedeutung ist durchaus denkbar – zwar paradox, aber existenziell plausibel –, heute nicht in historischer Treue gegenüber Roosevelts eigenen Ansichten Zurückhaltung zu üben, sondern ihn exemplarisch aufzufassen, nur scheint dies auch in die kritische Richtung möglich, die das selbstgewählte Verbergen der Behinderung respektiert. Roosevelt selbst, heißt es, wollte kein Denkmal.

Der Historiker beginnt die Biografie des zweiunddreißigsten Präsidenten der Vereinigten Staaten damit, dass er bemerkt, Franklin Delano Roosevelt sei auf »der Sonnenseite der Gesellschaft geboren« worden. Der Vater war »Landedelmann aus bester neuenglischer Familie holländischer Abstammung«, aber an zwei oder drei Tagen auch New Yorker Geschäftsmann; seine Mutter brachte die »Mitgift von einer Million Dollar in die Ehe« ein. Als Einzelkind habe Roosevelt eine »standesgemäße, sorgfäl-

tig behütete und doch zugleich erlebnis- und anregungsreiche Erziehung« bekommen. Sie habe den Grund für sein »unerschütterliches Selbst- und Weltvertrauen« gelegt.
Als Vierzehnjähriger, in einer exklusiven Privatschule, nahm er sich, schreibt der Historiker, einen Lehrer zum Vorbild, der »als die Personifizierung der alten Spruchweisheit erscheinen (musste), wonach ein gesunder Geist in einem gesunden Körper zu wohnen habe«. Doch sportlich konnte Roosevelt nicht in jeder Hinsicht mithalten, aufgrund seines »zu leichten Körpergewichts«. Politik spielte, auch während des Studiums, nur eine »nebensächliche Rolle«. Dabei orientierte er sich trotz seiner aristokratischen Haltung an der demokratischen Familientradition, bewunderte aber auch seinen republikanischen Vetter Theodore Roosevelt.
Die Heirat mit seiner Frau Eleanor setzte er gegen seine Mutter durch. Sie wohnten in New York Seite an Seite. Der Historiker sagt, dass Roosevelt durch seine Anwaltstätigkeit in New York erstmals mit der »Schattenseite der amerikanischen Gesellschaft in Berührung« gekommen sei. Allerdings verbrachte er den Sommer auf seinem Landgut in Campobello, wo er ritt, segelte oder Golf spielte. Mit achtundzwanzig Jahren wurde er Senator im Staat New York, drei Jahre später Staatssekretär im Marineministerium, das Amt hatte er sieben Jahre inne.
Einer seiner engsten Berater, Louis Howe – er wird geschildert als »ausnehmend hässlich, schmuddelig-abstoßend, politisch aber mit allen Wassern gewaschen« –, habe sein Lebensziel darin gesehen, Roosevelt zum Präsidenten zu machen. Doch zunächst kam es in der Karriereplanung zu einer unerwarteten Wendung. Der Historiker beschreibt sie wie folgt: Roosevelts »große Leidenschaft, das Meer, wurde auch sein Verhängnis. Müde und abgespannt hatte er sich Anfang August 1921 nach Campobello in die Ferien geflüchtet, war beim Fischen in das eiskalte Wasser gefallen, hatte am nächsten Tag mit seinen Kindern einen kleinen Waldbrand gelöscht, nach getaner Arbeit ein Erfrischungsbad mit zwei anstrengenden Dauerläufen verbunden, längere Zeit in nasser Badehose Post gelesen und sich schließlich fröstelnd zurückgezogen.
In der Nacht zum 11. August begann das Drama, der 11. August 1921 wurde der letzte Tag im Leben Roosevelts, an dem er ohne fremde Hilfe gehen konnte. Ohne dass zwei Ärzte es zunächst erkannten, war er an schwerer Kinderlähmung erkrankt. In den ersten Wochen durchlebte er fürchterliche körperliche und seelische Qualen. Beine, Arme und der Rücken waren gelähmt.« Aber Roosevelt trainierte und aktivierte die verbleibende Muskulatur und setzte – trotz wiederholter Depressionen – seine größte Hoffnung aufs Schwimmen, mit der Aussage: »Das Wasser hat mich dahin gebracht, wo ich bin, und das Wasser muss mich da wieder herausbringen.« Dennoch trat keine wesentliche Besserung ein. Roosevelt war auf einen Rollstuhl angewiesen. Mit Stahlschienen und Gehhilfen konnte er sich langsam ein wenig vorwärts bewegen.

Der Historiker schreibt weiter: »Der siebenjährige Kampf um seine Genesung, den Roosevelt erst nach der Nominierung zum Gouverneurskandidaten für den Staat New York im Sommer 1928 aufgab, verwandelte den Menschen und Politiker Roosevelt nicht von Grund auf, sondern ließ schon vorhandene Charaktereigenschaften noch stärker hervortreten. Die Heimsuchung verstärkte seine Selbstkontrolle und Willenskraft. ... Der Verlust an Mobilität zwang ihn zu konzentrierter Schreibtischarbeit, er pflegte die beiden Einflussmittel, die ihm in erster Linie verblieben waren: die Kunst des fesselnden Gesprächs mit Leuten, die zu ihm kamen, und die Korrespondenz mit Parteifreunden im ganzen Land. Außerdem zwang ihn sein Kampf um die Gesundung zu gelassenem Denken in längerfristigen Perspektiven, sein hoch entwickelter Sinn für den richtigen Zeitpunkt wurde noch ausgeprägter. Fast alle Biografen sind sich überdies darin einig, dass seine Krankheit politisch auch Vorteile bot, so zynisch es klingen mag.« Doch der nun sechsundvierzigjährige Roosevelt sei sich bewusst gewesen, dass seine Rückkehr in die Politik, die Zuversicht seiner Gesundung sistiere. Die offenen oder versteckten Angriffe der politischen Gegner wegen seiner Behinderung wurden mit dem Argument abgeblockt, ein Gouverneur »werde nicht wegen seiner Fähigkeit gewählt, einen doppelten Salto rückwärts oder ein Handstandüberschlag vorzuführen«, sondern wegen seiner »Geistesarbeit«. Der Historiker notiert: »Mit ironischen Bemerkungen über sich selbst als angeblichen ›Krüppel‹ erweckte er den Eindruck, als wäre die Krankheit für ihn überhaupt kein Problem, mit einem Optimismus und Lebensfreude ausstrahlenden Lächeln saß er im Fond seines offenen Wagens und lud gleichsam jedermann ein, sich von seiner guten Verfassung zu überzeugen.« Er gewann die Gouverneurs-Wahlen knapp, entfaltete dann aber eine rege Öffentlichkeitsarbeit. Vor allem seine Radioreden wurden populär. Sein Umgang mit der Presse galt als vorbildlich und einflussreich. Eine Woche vor seinem fünfzigsten Geburtstag, erklärte er seine Absicht, sich um die Präsidentschaftskandidatur zu bewerben und wurde im Juni 1932 gewählt. In einer Rede fiel das Schlüsselwort, das zum »Kürzel für die rooseveltsche Innenpolitik« wurde: »New Deal«: »Eine neue Ordnung der Kompetenz und der Courage« – eine »Neuverteilung der Chancen«. Er ist fürs spontane Experimentieren und das individuelle Engagement. Am 8. November desselben Jahres wurde er mit überwältigender Mehrheit zum zweiunddreißigsten Präsidenten der Vereinigten Staaten gewählt. Roosevelt betrat als »Heilsbringer« die politische Bühne der USA und verschuf sich Respekt als Reformer. »Es gehört zu den Paradoxien der Geschichte, dass es ein fast hilfloser Krüppel war, der 1933 dem verkrüppelten Amerika wieder auf die Beine half«, behauptet – metaphorisch ziemlich unbeholfen – ein Schriftsteller, der inzwischen eine moderne Biografie Roosevelts vorgelegt hat, in der er unter anderem über Roosevelts Aufenthalt in der Heilquelle Warm Springs berichtet. Der Ort wurde in der Folge zu einer Pilgerstätte von Poliokranken – »sehr zum Ärger der anderen Kurgäste, die sich im Hotel von Krüppeln umgeben sahen und Angst hatten, sich im Schwimmbad anzustecken. Roosevelts Reaktion war charakteristisch: Er kaufte kurzerhand die ganze Anlage und baute sie mit Hilfe reicher Freunde ... zu einem Rehabilitationszentrum für Opfer der Kinderlähmung aus.« Im Übrigen war er auch an einer Spendenkampagne beteiligt, die die Förderung der Forschung und Entwicklung eines Impfstoffs zum Ziel hatte.

Roosevelt war kein Mann für »normale« Zeiten, bemerkt ein anderer Historiker und begründet damit nicht nur seine dreimalige Wiederwahl, die jedes Mal in eine Krisenzeit fiel, sondern auch die »bis heute im Grunde nie abgerissene« Kontroverse um Roosevelts Programm und Person, um den »Taktiker«, »Showman« oder »Menschenfreund«.
Er galt als ehrgeizig und hartnäckig, hatte ein gutes Gedächtnis und vielfältige Interessen. Seine »innersten Gefühle« offenbarte er niemandem, er habe keine eigentliche Vertrauten gehabt und blieb vielen ein Rätsel, seine persönliche Komplexität gilt als unreduzierbar, »undurchschaubar«.
Im Zweiten Weltkrieg gewann er ein »neues Selbstverständnis als ›Messias‹ der Demokratie in bewusstem Kontrast zu Hitler«, schreibt der Historiker. Doch der Kriegseintritt der USA steigerte auch die Arbeitsbelastung des Einundsechzigjährigen, sodass sich »ab 1944 für jedermann sichtbar ein körperlicher Verfall bemerkbar machte«.
Als am 12. April 1945 Roosevelt einem Gehirnschlag erlag, glaubte Hitler an eine »schützende Vorsehung« für sich und an eine Wende im Krieg. Roosevelt blieb einer der entscheidenden »Sieger über Hitler«. Eine seiner folgenreichsten Fehleinschätzungen war seine Überzeugung, dass der Sieg über Hitler zu einer Liberalisierung in der Sowjetunion Stalins führen werde. Schon die Diskussion über die neuen Grenzen Europas verdeutlichte ihm (und vor allem seinem Nachfolger Truman) das Gegenteil. »Die Entscheidung über den Einsatz der Atombombe blieb Roosevelt erspart«, resümiert der Historiker – vielleicht hätte er stärker gezögert als sein Nachfolger.

Ein berühmter, zeitgenössischer, emigrierter deutscher Schriftsteller folgte einer Einladung ins Weiße Haus und traf Roosevelt beim Frühstück. Der Schriftsteller fand es, angesichts der »Macht und Bedeutung, ... sehr interessant an seiner Seite zu sitzen«. Er bemerkte: »Diese Mischung von Schlauheit, Sonnigkeit, Verwöhntheit, Gefalllustigkeit und ehrlichem Glauben ist schwer zu charakterisieren.« Er nannte den Präsidenten »Rollstuhl-Cäsar«. Doch der Rollstuhl war so gut wie nie zu sehen, man sagt, es gebe nur zwei Fotos von Roosevelt im Rollstuhl.

Anmerkung

Die zitierten Zeitungsberichte erschienen in folgender Reihenfolge: Die erste Agenturmeldung (AFP) in die tageszeitung, 25. 4. 97; Süddeutsche Zeitung (Stefan Kornelius), 2. 5. 97, Titelseite; Die Weltwoche (Martin Kilian), Nr. 18, 1.5.97; die tageszeitung (Peter Tautfest), 3./4. 5. 97; Der Spiegel Nr. 19, Personalien, 5. 5. 97; Rheinischer Merkur (Christoph Birnbaum), 9. 5. 97, Kommentar Titelseite; Sonntagszeitung Zürich (Ursula Eichenberger) 25. 5. 97. Der Historiker heißt Detlef Junker: »Franklin D. Roosevelt, Macht und Vision: Präsident in Krisenzeiten«, Göttingen 1989; der andere Historiker ist Erich Angermann, seine Darstellung Roosevelts findet sich im Sammelband »Politiker des 20. Jahrhunderts«, München 1970. Der eine Schriftsteller heißt Alan Posener: »Stalin/Roosevelt«, Hamburg 1993; er schrieb die neue Biografie: »Franklin Delano Roosevelt«, rororo Monografie Reinbek bei Hamburg 1999. Der berühmte deutsche Schriftsteller ist Thomas Mann, dessen Charakterisierung Roosevelts sich in Klaus Harpprechts Biografie (Rowohlt Verlag 1995, S. 1192) findet.

18

Der einarmige Pianist

Wie üblich sitzt auf dem Foto der Pianist links, das Klavier oder der Flügel steht rechts. (Mir ist keine Aufnahme bekannt, auf der der Pianist rechts und das Klavier links zu sehen sind.) Der Pianist zeigt also seine rechte Seite. Zu erkennen ist, eine helle Hand – den Daumen über den weißen Tasten, die anderen Finger über den schwarzen –, eine weiße Manschette, ein weißer Kragen, eine helle Gesichtssilhouette, ein unverkennbares Ohr, der Rest in Schwarz gehüllt, dunkle Haare, dunkler Anzug, dunkle, dezent gestreifte Krawatte, schwarzes Klavier, klare Schwarzweiß-Konturen, einzig die verschnörkelte Notenablage ist unscharf und teilweise beleuchtet. Der Mundwinkel des Pianisten ist gesenkt, der Ausdruck ernsthaft, der Blick geht streng geradeaus, nicht auf seine Hand und die Tasten. Knapp unter der linken Hand befindet sich der Bildrand. Das Foto – verbreitet von der Konzertagentur des Pianisten – hat eine geheime Bedeutung. Der Pianist pflegte das Spiel mit der linken Hand als ob es zweihändig wäre. Nicht zu erkennen ist, dass dem Pianisten der rechte Arm und dessen Hand fehlen.

»Die Erinnerung bewahrt von berühmten Personen oft nur den Nachnamen auf. Der konkrete Mensch wird auf diese Weise in ein Monument verwandelt, seine oft alltägliche Daseinsbedingungen werden ausgeblendet«, beginnt ein Journalist einen Essay über zwei Brüder. So steht der Nachname Wittgenstein im Nachhinein allein für den Philosophen mit dem Vornamen Ludwig und nicht für den Bruder Paul Wittgenstein (1887-1961), den Pianisten, obwohl von dem zuletzt Genannten gesagt werden kann, dass er zu Lebzeiten bekannter war als der Ersterwähnte. Sicher, fährt der Journalist fort, »Paul lebte zurückgezogen und suchte sein Privatleben vor der Öffentlichkeit zu verbergen, auch über seinen Tod hinaus. Doch auch sein Leben verlief spektakulär. Nicht Ludwig, der Philosoph, sondern Paul, der Musiker, spielte im kulturellen Leben Wiens eine bedeutende Rolle. Bereits als junger Pianist war Paul über die Grenzen der Stadt hinaus bekannt; er verfügte über enge Kontakte zu den bedeutendsten Musikern und Komponisten seiner Zeit. Dass er, der Klavierspieler, während des ersten Weltkrieges einen Arm verlor und dennoch

mit der linken Hand eine glanzvolle Solistenkarriere durchlief, zählt zu den erstaunlichsten Phänomenen der Musikgeschichte und ist ein Zeichen für seine herausragende Persönlichkeit.«
Der Nachruhm des einen, Ludwig, hat vermutlich mit seiner Zukunftsorientierung zu tun, während der andere, Paul, beim »ästhetischen Lebensideal des 19. Jahrhunderts« verharrte. Der eine analysierte den Untergang des Ideals sprachphilosophisch, der andere blieb ein »rückwärts gewandter Mensch«.
»Und während Ludwig im englischen Cambridge die Protektion der berühmtesten Philosophen seiner Zeit genießen durfte, musste Paul 1938 nach der Besetzung Österreichs durch die Nationalsozialisten für sich und seine Familie um das nackte Leben fürchten, die geliebte Heimat verlassen und in den USA ein neues Leben beginnen«, bemerkt der Journalist.

Paul und Ludwig Wittgenstein entstammten einer vermögenden, kinderreichen, jüdischen Familie. Sie waren die jüngsten, sie hatten noch drei Schwestern und drei Brüder. Keines der Kinder schlug die Kaufmannslaufbahn des Vaters ein, im Gegenteil, sie waren alle musisch veranlagt. Aber Paul und Ludwig erbten, sagt man, vom Vater die Charakterzüge der Willensstärke und Eigenwilligkeit. Der Journalist konstatiert bei den Brüdern sogar »einen fast manischen Zwang zur Bewältigung selbstgestellter Aufgaben sowie eine beträchtliche Rücksichtslosigkeit gegenüber sich selbst und der Umwelt«. Beide werden nach Anordnung des Vaters von Privatlehrern unterrichtet.
Die Umbruchsituation in Wien um 1900 stimulierte Ludwigs philosophische Rationalität und er wurde zu einem der maßgebenden Denker des 20. Jahrhunderts, während sie Paul verunsicherte und ihn in einen »musikalischen Ästhetizismus« des vergangenen Jahrhunderts flüchten ließ. 1913 gab Paul Wittgenstein sein erfolgreiches Konzertdebüt, aber er galt als Lebemann. Seine Mutter erachtete ihn als talentiert, jedoch als nicht so begabt wie ihren ältesten Sohn Hans (der sich früh vermutlich das Leben nahm). Sieben Flügel standen Paul Wittgenstein zum Üben zur Verfügung. »Doch je stärker er sich abmühte, durch sein Spiel Achtung und Zuwendung zu erhalten, desto gezwungener und gewalttätiger klang es in den sensiblen Ohren der Familie«, schreibt der Journalist. 1914 meldete sich Ludwig als Kriegsfreiwilliger, während Paul als Offizier eines Dragonerregiments einberufen wurde.
Gleich zu Beginn des Ersten Weltkrieges wurde Paul Wittgenstein verwundet. Ein ehemaliger Oberst teilte der Mutter mit: »Sie können stolz auf ihn sein, weil dank seiner Aufklärungen in seiner Eigenschaft als Spähtruppführer die Versuche der Russen, uns bei Famos anzugreifen, zunichte gemacht wurden. Er hat Außerordentliches geleistet, und ich hoffe aufrichtig, dass er dafür eine offizielle Auszeichnung erhalten wird.

Das wird *gegenwärtig* jedoch noch nicht möglich sein, weil, obwohl er gefangen genommen worden ist, aufgrund seiner Verwundung erst noch bewiesen werden muss, dass er seine Gefangennahme nicht selbst herbeigeführt hat. Da dieser Umstand bereits geklärt ist, sollte es in dieser Hinsicht keine weiteren Hindernisse geben, wenn er heimkehrt. Ich habe erfahren, dass die Heilung seiner Wunde befriedigend verläuft.«

Der Journalist stellt fest: »Es ist nicht überliefert, wie Paul auf den Verlust seines rechten Arms reagierte.« Es gebe nur eine kleine Notiz, in der Paul Wittgenstein selbst auf seine Verwundung beim ersten Vormarsch verwies, auf seine Gefangenschaft im Krankenhaus, seine Rückkehr nach Wien, wo er sich einer geringfügigen Nachamputation unterziehen musste. Paul Wittgenstein gab dann kund: »Ich hatte sofort den Plan, mich zum einarmigen Klavierspieler auszubilden, mindestens es zu versuchen.« Es lässt sich nur darüber spekulieren, ob dieser Entschluss, wie es heißt, eine »Alternative zum Selbstmord« gewesen ist.

Bei der Ausbildung zum einarmigen Pianisten war Paul Wittgenstein völlig auf sich allein gestellt. Doch 1917 kehrte er nochmals in die Armee zurück, die ihn mit Orden dekoriert nach dem Ende des Ersten Weltkrieges entließ.

Paul Wittgenstein machte sich nun ernsthaft daran, seine »abrupt unterbrochene Karriere« fortzusetzen. Der Journalist beschreibt dies eindrucksvoll wie folgt: »Um die Strapazen des täglichen, siebenstündigen Übungspensums bewältigen zu können, entwickelte er ein ausgeklügeltes Trainingsprogramm für Körper und Geist, das er penibel einhielt. Dazu zählten tägliche Boxübungen, durch die er eine ebenso straffe Haltung gewinnen wollte wie ein Zweiarmiger. Er zwang sich, über Stacheldrahthürden zu springen, um mit dem Schmerz als Zuchtmeister seinem Leib die durch die Amputation gestörte Balance und Feinmotorik zurückzugeben.« Paul Wittgenstein unternahm lange einsame Fußmärsche. Er lernte philosophische und literarische Texte auswendig. Sein Bruder Ludwig berichtete über Pauls musikalisches Gedächtnis, dass ein Blick auf ein oder zwei Takte ihm genügt hätten, um das Stück und den Komponisten zu nennen.

Durch das Training seiner linken Hand kam eine verführerische Verbindung von Versessenheit und Virtuosität zu Stande. Für einen Pianisten ist der Verlust eines Arms, der Hand und der Finger zweifellos ein Schmerz, der über die physische Tatsache hinausgeht. Er lindert mit einem gelingenden illusionistischen Spiel mit der linken Hand mehr als einen möglichen Phantomschmerz in seinem rechten Arm, dessen Hand und Fingern.

Drei Jahre lang gab Paul Wittgenstein keine Konzerte. Er war auf der Suche nach geeigneten Werken. Dabei stellte er hohe qualitative Anforderungen. »Die Arrangements des Grafen Géza Zichys (1849-1924), der im Alter von vierzehn Jahren bei einem Jagdunfall einen Arm verloren hatte, erschienen ihm musikalisch minderwertig«, sagt der Journalist. Paul Wittgenstein nahm selbst Umarbeitungen bekannter Stücke vor, vor allem von den von ihm bevorzugten Kompositionen Brahms' oder Chopins. Das Transkribieren war aber begrenzt. Er bemühte sich um neue Stücke und war in der glücklichen Lage, dafür auch die nötigen finanziellen Mittel zur Verfügung zu haben, um bekannte Gegenwartskomponisten diesbezüglich ansprechen zu können. Doch: »Mit Geld allein hätte Paul (Wittgenstein) wohl keinen der berühmten Komponisten zur Arbeit inspirieren können. Die Besonderheiten des Komponierens für die linke Hand mussten für sie eine Herausforderung darstellen«, schreibt der Journalist. Paul Hindemith, Sergei Prokofjew und Richard Strauss schrieben für Paul Wittgenstein Klavierkonzerte. Aber aufgrund seiner Betroffenheit und seines Fachwissens versuchte Paul Wittgenstein auch, auf die Kompositionen Einfluss zu nehmen, was zu anhaltenden Auseinandersetzungen führte, vor allem weil Wittgenstein an einem an der Klassik orientierten Ideal der Komposition festhielt.

»Das bekannteste von Paul (Wittgenstein) in Auftrag gegebene Stück ist ohne Frage Ravels Klavierkonzert aus dem Jahre 1929. Paul (Wittgenstein) hatte Ravel eigens nach Wien eingeladen, um die Einzelheiten mit ihm durchzusprechen. Ravel versprach ein Konzert, dessen Klavierpart

wie für zwei Hände komponiert wirken sollte«, notiert der Journalist. Auch mit Ravel kam es zu Auseinandersetzungen, doch das Konzert wurde erstmals 1933 in Paris unter Leitung Ravels uraufgeführt. Paul Wittgensteins Konzerte fanden bei der Kritik wie beim Publikum Anklang, ja Bewunderung.
Eine Augenzeugin berichtete: »Ich war vielleicht zwölf Jahre alt, als ich das erste Mal Paul Wittgenstein spielen hörte. Ich saß zusammen mit meinem Vater auf unseren Abonnementsplätzen hinten im Wiener Musikverein Saal. Nach dem Ende des Konzerts fragte mich mein Vater, ob ich an dem Klavierspieler etwas Ungewöhnliches bemerkt hätte. Ich hatte nichts bemerkt. Darauf erzählte er mir, dass der Klavierspieler mit nur einer Hand gespielt habe. Ich konnte es nicht fassen!«
1957 legte Wittgenstein seine »Schule für die linke Hand« vor. Das dreibändige Notenwerk, das er seiner Lehrerin Malvine Brée widmete, führt in »seine illusionistische Spieltechnik« ein. Der Einleitungssatz, der in seiner Prägnanz an den philosophischen Sprachduktus seines Bruders erinnert, lautet: »Diese Bände enthalten eine Auswahl von Fingerübungen, Etüden und Bearbeitungen, welche ich während meiner Laufbahn als einarmiger Pianist aufgezeichnet habe.« Der Journalist kommentiert das Werk wie folgt: »Das Lehrbuch zählt zu den umfassendsten und bedeutendsten Arbeiten auf seinem Gebiet; doch wie Paul (Wittgensteins) heroisches Musikerleben insgesamt erscheint es wie eine grandiose Anleitung zur perfekten Täuschung des Publikums. Denn das erklärte Ziel auch der ›Schule‹ besteht darin, den Schüler mit allen erdenklichen technischen Mitteln und Spieltricks auszustatten, sodass er beim Publikum die Illusion der Beidhändigkeit erzeugen kann.« Das Spiel mit der einen Hand wird also gerade nicht problematisiert. Wittgenstein täuscht sich auch selbst.

Das Resümee des Journalisten lautet: »Seit seiner Rückkehr aus der Gefangenschaft richtete sich Pauls Ehrgeiz allein auf das Ziel, die Tatsache seiner Verstümmelung rückgängig und auf diese Weise das Trauma seiner Verwundung vergessen zu machen: ›Der Pianist der linken Hand braucht zwei Mal so viel Talent und Energie, um denselben Eindruck beim Zuhörer hervorzurufen wie ein Pianist mit zwei Armen‹, erklärte er 1959 in einem amerikanischen Radiointerview. Dass ihm dies gelungen sei, habe ihm stets die größte Befriedigung verschafft.«
Damit erfüllte Paul Wittgenstein, dies wahrscheinlich ungewollt, das »Ertüchtigungsideal« wie es die so genannte »Krüppelpädagogik« im ersten Drittel des 20. Jahrhunderts ersann. Deren Maxime hieß: »Der Wille ist die beste Prothese.« Mit »Willenstrotz« sollte eine Behinderung überwunden werden. Die Kompensation sei so anzulegen, dass »auch die Gesunden zu überbieten« wären. Die Verwundung und die Amputation der einen Extremität werde durch die Disziplin und Perfektion der ande-

ren gewissermaßen gerächt. Gleichzeitig wurde aber in der Heilpädagogik auch das nicht weniger martialisch klingende »Bekenntnis zum Defekt« eingefordert.
»Statt also die Ungeheuerlichkeit der seelischen Verwundung, welche die brutale körperliche Verkrüppelung für den hoffnungsvollen und bereits erfolgreichen Pianisten bedeuten musste, in eine eigene künstlerische Form zu bringen und auf diese Weise die Barbarei des Krieges sichtbar zu machen, nahm Paul seinen widerstrebenden Körper, sein gesamtes künstlerisches Talent und seine gewaltige psychische Energie für das Projekt in den Dienst, ein in den Schützengräben des Krieges zerfetztes Kulturideal wiederherzustellen.« Der Journalist bezeichnet dann Paul Wittgensteins Anleitungen und Vortäuschungen als »List der ästhetischen Vernunft«, die ein »Trugbild klassischer Vollkommenheit« erzeuge. Er schließt damit: »Eine solche Kunst droht unfreiwillig zur Karikatur ihrer selbst zu werden, und man wird Ludwig beipflichten müssen, wenn er sein Missfallen an Pauls öffentlichen Auftritten mit den drastischen Worten kund tut, dass das Publikum sich an den Künsten eines Krüppels delektiere, als ›wäre es eine Zirkusnummer‹.«

Paul Wittgenstein kapselte sich jedoch ab, brach den Kontakt zur Familie fast ganz ab. 1938 ging er über die Schweiz nach New York ins Exil. 1946 nahm er die US-amerikanische Staatsbürgerschaft an. Seine Ideale waren überholt, aber sein konsequenter Lebensstil weckte die Neugier seiner Schüler, die offenbar auf den oft barschen Paul Wittgenstein wie auf ein andere, fremde Welt blickten. Nur in den »weiträumigen und individualistischen USA«, meint der Journalist, konnte Paul Wittgenstein sein Leben, verhaftet dem 19. Jahrhundert, und das Zweihändigkeit vortäuschende Klavierspiel mit der linken Hand realisieren.

Anmerkung

Der Journalist, der Paul und Ludwig Wittgensteins Lebensweise und -werk schildert, heißt Matthias Kroß. Sein Essay ist abgedruckt in: »Deutsche Brüder – Zwölf Doppelporträts«, Rowohlt Verlag Reinbek bei Hamburg 1994.

19

Der blinde Bibliothekar

Verlassen, einsam, niedergeschlagen, mit sich allein, scheint der ergraute stattliche Herr auf der regennassen Straße zu stehen – die Inszenierung des Fotos außer Acht lassend. Die linke Seite seiner Figur teilt die Fotografie in der Mitte. Einzelne, in einem leichten Rund angelegten Pflastersteine glitzern im Gegenlicht. Rechts von ihm ist eine Pfütze zu erkennen, in der sich wahrscheinlich ein Straßenschild spiegelt. Im Hintergrund liegen, typisch perspektivische Linien bildend, unbenutzbare alte Straßenbahnschienen sowie eine durch die Wasserlachen unregelmäßig wirkende Bordsteinkante.
Die Aufnahme zeigt den argentinischen Schriftsteller Jorge Luis Borges (1899-1986) von einem erhöhten Beobachterstandpunkt aus. Er trägt einen dunklen Mantel, die eine Hand in der Tasche, mit der rechten stützt er sich auf einen Stock. Die Schuhe glänzen. Seine Stirn liegt in Falten, die Krawatte ist leicht nach rechts verrutscht. Mit einem stoischen, eher finsteren, enttäuschten oder traurigen Gesichtsausdruck fixiert er dem Augenschein nach eine unbestimmte Weite oder Tiefe. In der Literatur habe seine Liebe und Leidenschaft, heißt es, dem »Ungewöhnlichen, Seltsamen und Verborgenen« gegolten.

Borges wird in Buenos Aires geboren – »mitten im Herzen der Stadt«, wie er in einem autobiografischen Essay berichtet. Er ist stark kurzsichtig, wegen seiner Brille, die er später verabscheute und nicht mehr trug, wird er von den Klassenkameraden »verhöhnt und tyrannisiert«. Als er fünfzehn Jahre alt ist, der Vater aufgrund einer fortschreitenden Erblindung den Beruf aufgeben muss, reist die Familie nach Genf. Hier macht Borges sein Abitur, liest Schopenhauer und es gilt für die Familie als »abgemacht«, dass er sich der »Schriftstellerei widmen würde«.
1921 kehrt Borges nach Buenos Aires zurück, veröffentlicht Gedicht- und Essaybände und schreibt für verschiedene literarische Zeitschriften. Für seine Jugendzeit bezeichnet er sich als Anarchist, Pazifist und Freidenker, aber auch als eingebildet und dogmatisch. Von 1938 an arbeitet er als einfacher Angestellter in einer Vorortsbibliothek. Er katalogisierte Bücher, die allerdings, da die Sammlung klein war, auch ohne Katalog

zu finden waren. »Ich hielt es neun Jahre lang in der Bibliothek aus. Es waren neun Jahre soliden Unglücklichseins«, notiert er. Da er sich gegen den Staatspräsidenten und Diktator Perón äußert, wird er 1946 entlassen. 1955, nach dem Sturz Peróns, ernennt ihn die Revolutionsregierung zum Direktor der Nationalbibliothek. Es ist die Zeit seiner eigenen nicht zu unterbindenden Erblindung. 1973, als Perón durch Wahlen wieder an die Macht kommt, legt Borges sein Amt als blinder Bibliothekar nieder. Als er im Alter nochmals die Bibliothek besucht, so eine Anekdote, hätten sich die Mitarbeiter zurückgezogen, aus Scham »einen Blinden von Regal zu Regal irren zu sehen«, aber Borges »berührt Buch für Buch und nennt Titel und Verfasser«. Nicht umsonst stellt er sich die Bibliothek als Paradies vor. Die Anwesenheit von Büchern empfindet er als eine »Art Glück«.

»Meine Blindheit«, schreibt Borges, »war seit meiner Kindheit allmählich fortgeschritten. Wie eine langsame Sommerdämmerung. Daran war nichts besonders Ergreifendes oder Dramatisches. Seit 1927 musste ich acht Augenoperationen über mich ergehen lassen, aber seit den späten Fünfzigerjahren, als ich das ›Gedicht von den Gaben‹ schrieb, war ich zum Lesen und Schreiben zu blind. Blindheit zog sich durch meine Familie; die Beschreibung einer Augenoperation, durchgeführt an meinem Urgroßvater, Edward Young Haslam, erschien in der Londoner medizinischen Zeitschrift ›Lancet‹. Blindheit schien auch die Direktoren der Nationalbibliothek zu verfolgen. Zwei meiner Vorgänger, José Mármol und Paul Groussac, erlitten das gleiche Schicksal. In meinem Gedicht

spreche ich von Gottes glänzender Ironie, mir gleichzeitig achthunderttausend Bücher und Dunkelheit zu schenken.«
1976 wird die »Erbpräsidentin«, Peróns Witwe, von Argentiniens Militär gestürzt. Wie die meisten seiner Landsleute begrüßt Borges den Putsch. Als die Menschenrechtsverletzungen bekannt werden, distanziert sich Borges von der Junta. Borges gilt als unpolitisch und gibt oft widersprüchliche Stellungnahmen ab, er lehnt den einen Diktator ab, lässt sich von dem anderen einladen. Er korrigiert sich und bereut.
Eine frühe Freundin hat Borges wie folgt beschrieben: »Borges war dicklich, eher groß und aufrecht, hatte ein bleiches, fleischiges Gesicht und auffallend kleine Füße; der Druck seiner Hand war schlaff, als wenn sie keine Knochen hätte, und schien die unvermeidliche Berührung nur widerwillig zu ertragen. In seiner Stimme lag ein ständiges Zittern, etwas Tastendes, um Erlaubnis Bittendes.« Er galt als gehemmt und stotterte leicht, er selbst hielt sich für unfähig öffentlich zu sprechen, erst mit Hilfe einer Psychoanalyse konnte er seine Hemmungen bei Vorträgen, zu denen er vor allem in den späten Jahren vermehrt eingeladen wurde, überwinden – obwohl gerade seine Schüchternheit Anklang gefunden haben soll. Für die Öffentlichkeit sei er ein Zauberer gewesen, er habe aber ebenso etwas von einem Falschspieler gehabt. Auch als er noch lesen konnte, hatte er keine Aufzeichnungen bei sich, denn er hätte sie sehr nahe vor die Augen halten müssen.
Er ist Dozent für englische Literatur. Zu Vorträgen und Ehrungen, unter anderem in die USA, reist er meistens in Begleitung seiner Mutter, sie wird neunundneunzig Jahre alt. Auch zu Hause informiert Borges seine Mutter über jeden seiner Schritte, es war ein durchaus gegenseitiges Abhängigkeitsverhältnis. Seine frühe Freundin behauptet: »Alles in allem aber wäre er nie der Jorge Luis Borges geworden, wie die Welt ihn kennt, ohne die Härte und Grausamkeit, die völlige Hingabe und Aufmerksamkeit, den unbezwingbaren Machthunger seiner Mutter.« Und: »Wenn Borges der Seite seiner Mutter zuneigte, waren Gauchos, Messer und Lanzen die Folge; im Fantastischen dagegen lag seine Befreiung.« Borges selbst hat den »Kult der Gauchos« als »Lobpreis der Barbarei« bezeichnet. Über seine Mutter schreibt er: »Sie war für mich immer ein Kamerad – besonders in späteren Jahren, als ich blind wurde – und eine verstehende und verzeihende Freundin. Jahrelang ... erledigte sie alle meine Büroarbeiten, beantwortete Briefe, las mir vor, schrieb meine Diktate und reiste mit mir zu vielen Veranstaltungen im In- und Ausland. Als ich noch nicht daran dachte, war sie es, die still und wirksam meinen literarischen Werdegang förderte.«
Seine frühe Freundin schildert Borges Berühmtheit wie folgt: »Sein Leben war zur Fabel geworden. Der Mythos war keine Flucht vor der Realität, sondern ihr Höhepunkt. Die Literatur war kein Trost für Gebrechen, sondern intensiviertes, gesteigertes und sinnerfülltes Leben.« Sie sagt,

dass die Blindheit seine Einsamkeit nicht bestärkt habe, sondern »merkwürdigerweise trug sie zu seiner Befreiung bei«.
Borges vergleicht ebenfalls seinen Ruhm mit seiner Blindheit, beide seien nach und nach auf ihn zugekommen. Er habe keine Feinde, alle seien »unerklärlich gut« zu ihm gewesen – sodass er sich »schon heimlich danach gesehnt« habe, »unter einem Pseudonym eine gnadenlose Tirade gegen mich selbst zu verfassen«. 1985 zieht er mit seiner langjährigen Mitarbeiterin Maria Kodama nach Genf und heiratet sie kurz vor seinem Tod.

1980 publiziert Borges Referate zu Themen wie »Alptraum«, »Tausendundeine Nacht«, »Buddhismus« oder »Dichtung«. Die zentrale Aussage des unter dem Titel »Blindheit« veröffentlichten Vortrags lässt sich wie folgt zitieren und zusammenfassen: »Die Blindheit ist für mich kein vollkommenes Unglück gewesen, man darf das nicht rührselig betrachten. Man sollte es als eine Lebensform betrachten: eine der möglichen Formen des menschlichen Lebens.« Borges beginnt seinen Vortrag mit dem Hinweis, dass er im Laufe seiner Vortragstätigkeit festgestellt habe, dass man »das Persönliche dem Allgemeinen« vorziehe und er deshalb seine »bescheidene persönliche Blindheit« an den Anfang stelle. Borges bemerkt, dass die weit verbreitete Vorstellung, Blinde seien »eingekerkert in einer schwarzen Welt« nicht stimme, zumindest für ihn nicht, seine Welt sei ein »grünlich oder bläulich und vage leuchtender Nebel«, eine »ziemlich unbequeme, undefinierte Welt«. Aber eben »dramatisch« sei sie in seinem Fall nicht zu nennen, denn es sei ein langsames Erblinden gewesen, »es begann, als ich zu sehen begann«, also seit seiner Geburt. Dennoch wolle er für seinen Vortrag einen dramatischen Moment suchen: seine Ernennung zum Direktor der Nationalbibliothek und er geht auf seine beiden ebenfalls blinden Vorgänger ein.
Er fasst den Entschluss, die verlorene sichtbare Welt zu ersetzen durch die hörbare. Er sagt: »Blind sein hat seine Vorteile. Ich verdanke dem Schatten einige Gaben: Ich verdanke ihm das Angelsächsische, meine kargen Kenntnisse des Isländischen, die Freude über viele Zeilen, viele Verse, viele Gedichte, und die Freude darüber, ein weiteres Buch geschrieben zu haben, das ich mit einer gewissen Falschheit und Großsprecherei *Elogio de la sombra* (Lob des Schattens) genannt habe.« Dann geht er auf berühmte Blinde ein, zuerst Homer, dann erwähnt er den englischen Dichter John Milton. Von James Joyce zitiert Borges den Satz, der in Joyces Werk selbst nicht zu ermitteln ist: »Von allen Dingen, die mir widerfahren sind, ist, glaube ich, das Unwichtigste, dass ich blind geworden bin.«
Mehrmals betont Borges, dass die Blindheit »eine keineswegs völlig unglückliche Lebensform« sei und stellt die Fragen: »Wer kann sich selbst besser kennen? Wer kann sich, dem sokratischen Satz folgend, besser erkennen als ein Blinder?« Nach Borges hat man das, was einem zustößt,

als »Rohstoff« für die eigene Tätigkeit oder Kunst anzusehen, oder als »ein weiteres Instrument« unter vielen seltsamen, »die das Schicksal oder der Zufall uns bescheren«. Im friedfertigen Resümee spricht er die Zuhörer direkt an: »Wenn der Blinde so denkt, dann ist er erlöst. Blindheit ist eine Gabe. Mit den Geschenken, die sie mir gemacht hat, habe ich Sie schon genug gelangweilt ... Außerdem fühlt ein Blinder sich von der Zuneigung aller umgeben. Die Leute sind immer voll des guten Willens für einen Blinden.« Borges wird als vorsichtiger Mensch geschildert, der darauf bedacht war, niemanden zu verärgern.

Borges selbst hat eine ironisch-fiktive Eintragung in die »Enciclopedia Sudamericana«, die 2074 erscheinen werde, verfasst: Hier bezeichnet er sich als »Autor und Autodidakt« und als seine »Liebhabereien« nennt er »die Literatur, die Philosophie und die Ethik«. Seine politische Einstellung charakterisiert er als bürgerlich und 1960 sei er (obwohl er gute Freunde unter den Kommunisten hatte) der konservativen Partei beigetreten, weil sie »fraglos als einzige keine Fanatismen weckt«. Am Schluss steht die Frage: »Hat Borges jemals den inneren Zwiespalt seines Loses empfunden?« Seine Antwort: »Wir vermuten es.«
In einem Brief bemerkt Borges, dass er »Fantasmen« hervorgebracht habe: »die einen, meine Erzählungen, hielten mich vielleicht am Leben; andere, meine Obsessionen, gaben mir den Tod.«

Anmerkung

Der autobiografische Essay von Jorge Luis Borges ist abgedruckt in »Borges lesen«, Fischer Taschenbuch Verlag Frankfurt a. M. 1991, sein Vortrag über »Blindheit« findet sich in Band 16, Jorge Luis Borges: Werke in 20 Bänden, »Die letzte Reise des Odysseus«, Fischer Taschenbuch Verlag Frankfurt a. M. 1992. Die frühe Freundin heißt Estela Canto, ihr Buch »Borges im Gegenlicht«, München 1998.

20

Der etwas gehbehinderte Schriftsteller

Der ernsthafte Herr im dunklen Anzug sitzt auf den Stufen einer Treppe, dem Zugang zur Frankfurter Börse. Seine Hose ist durch die angewinkelten Beine hochgerutscht, seine Socken und die flachen Schuhe fallen auf. Besonders das linke Bein und der Fuß sind gut zu erkennen –, wirken sie dünner und weniger stämmig als die rechte Gliedmaße? Die Darstellung lässt sich wie ein Schnappschuss deuten, offenbar verlassen eben links einige Personen den Bildausschnitt und geben den Blick frei auf den Schriftsteller, der in einem Brief an seinen Verleger schreibt: »Es gibt ein ganz großartiges Bild. Man sieht noch gerade den Rücken eines vorbeigehenden Mädchens, aber hinter mir ist deutlich die Bronzetafel ›Frankfurter Wertpapierbörse‹ zu lesen. Das Bild hat meinen Beifall. Ironisch für Frankfurt, für mich und die Literatur. So muss man heutzutage Schriftsteller fotografieren.« Die Aufnahme machte Hans Puttnies 1968 von Hans Erich Nossack (1901-1977).

In einer Glosse berichtet Nossack, dass er bei »sehr ungemütlichem Aprilwetter« auf der Champs-Elysées von zwei Mädchen als Genie bezeichnet worden sei. »Vermutlich hatten sie im Kino einmal ein Genie gesehen, denn es ist kaum anzunehmen, das sie Lombroso gelesen haben. Ich erwähne den alten Lombroso, weil mir die Kritik endlich eine Frage beantwortet hat, mit der ich mich seit mehr als vierzig Jahren vergeblich herumplage. Man hat nicht nur herausgefunden, warum ich schreibe, sondern auch, warum ich so schreibe, wie ich schreibe: mit einer Neigung zu Katastrophen, wie es heißt. Das liegt daran, weil ich als Kind beim Schlittschuhlaufen verunglückte und seitdem etwas gehbehindert bin. Sieh da, so einfach ist das alles. Man braucht nicht einmal mehr Syphilitiker zu sein, um Schriftsteller zu werden, wie noch zu Lombrosos Zeiten. Und was Katastrophen angeht, mit denen wir in unserm Jahrhundert ausreichend versorgt wurden, so scheine ich sie demnach zu Unrecht ernst genommen zu haben. Wirklich, da kann man nur zum Heile unserer Literatur ausrufen: Gehbehinderter, greif zur Feder!« In polemischer Form nimmt Nossack die Äußerungen eines Kritikers auf, die einsamen, verzweifelten und verbitterten literarischen Figuren stünden in Zusammenhang mit der Behinderung des Autors.

In einem Lebenslauf vom 15. Oktober 1942, gerichtet an die Berliner Reichsschrifttumskammer, Gruppe Schriftsteller, notiert Nossack: »Ich bin am 30. Januar 1901 in Hamburg als zweiter Sohn des Kaufmanns Eugen Nossack, Inhaber der gleichnamigen Importfirma, und seiner Ehefrau Ella Marie geb. Kröhnke geboren. Die Familie stammt väterlicherseits aus dem Spreewald, mütterlicherseits aus Dithmarschen. Durch einen Unglücksfall, den ich mit sieben Jahren erlitt, blieb mein linkes Bein gelähmt. Ich besuchte das Gelehrtengymnasium des Johanneums zu Hamburg bis zum Abitur 1919, studierte dann in Hamburg und Jena zunächst Philologie, dann Jura. Ich war Korpsstudent ... 1925 heiratete ich Dorothea Gabriele geb. Knierer, ... 1933 trat ich aktiv in die väterliche Firma ein ...« Anlass des Briefes war ein Beitrittsgesuch an die Reichsschrifttumskammer wegen einer geplanten Veröffentlichung von Gedichten im Suhrkamp Verlag, die aus ungeklärten Gründen dann nicht zu Stande kam.

Im zitierten Lebensabriss hat Nossack einiges taktisch geglättet und verschwiegen. Er war zwar auf Wunsch des Vaters Mitglied einer schlagenden studentischen Verbindung in Jena, den Austritt 1922 bezeichnet Nossack im Tagebuch aber als den »Beginn meiner eigentlichen Biografie«. Der »entscheidende Schritt« führt zum Konflikt mit dem Elternhaus, er weist die Unterstützung von seinem Vater zurück und bricht das Studium ab. Nossack schlägt sich als Hilfsarbeiter in einer Glasfabrik durch. Er kehrt 1923 bettelarm in seinem »letzten Anzug« nach Hamburg zurück, arbeitet zunächst als Hilfsbuchhalter, dann als kaufmännischer Angestellter, »bis ihn die väterliche Firma gnädig wieder aufnahm«, wobei der Kaufmannsberuf 1933 »die beste Tarnung« war für die innere Emigration. »Er blieb, weil er außerhalb Deutschlands, gar Europas, nicht glaubte leben zu können, und tat, was er lange geweigert hatte zu tun: er trat in die väterliche Importfirma ein. Doch das nicht allein: Er blieb mit dem Bewusstsein, sich von aller Gesellschaft ausgeschlossen zu haben«, kommentiert man.

Der jugendliche Nossack schwankte zwischen politischen Extrempositionen hin und her. Schon 1923 hatte er für kurze Zeit ein Parteibuch der KP, von 1930 bis 33 waren er und seine Frau aktive Mitglieder, sodass es zu Hausdurchsuchungen der Nazis kam. »Aber wir waren keine Schwärmer«, schreibt er im Rückblick 1963, »wir machten uns über das angebliche Arbeiterparadies Russland nichts vor. Im Grunde ekelte uns die Primitivität der marxistischen Dogmatiker mit ihrer Parteidisziplin an; sie machten sich die Dinge genau so einfach wie dann die Nazis. Wir arbeiteten gegen unseren Geschmack bewusst für die Partei, um die Opposition gegen das Bürgertum zu stärken, das sich dann im Nazismus überschlug. Ich hatte damals eine andere Idee: ich versuchte, die militärischen Gruppen der äußersten Rechten und der äußersten Linken zusammenzubringen.«

In einem amtsärztlichen Zeugnis vom 19. April 1940 von der Gesundheitsverwaltung der Hansestadt Hamburg heißt es über Nossack: »Schlechter Körperzustand, Untergewicht; 20 Pfund Gewichtsverlust. *Linkes Bein*: 5 cm verkürzt, totale atropische Muskulatur ... Operationsnarben der Innen- und Außenseite des Unterschenkels, Verkürzung des Fußes und übereinandergewachsene Zehen. *Urteil*: Der Zustand des Herrn Nossack ist im Augenblick derartig, dass er sorgfältige Pflege bedarf, da er neben seinem obigen körperlichen Zustand ... an starker nervöser Erschöpfung und Leber-Gallenleiden leidet.«

Die Bombardierung Hamburgs 1943, heißt es im Vorwort der zwanzig Jahre nach seinem Tod erschienenen Tagebücher, ist das zentrale Datum in Nossacks Biografie, gedeutet als »Verlust der Vergangenheit« oder »Neuanfang«, deren »literarische Umsetzung« ihn in der frühen Nachkriegszeit bekannt macht. Nossack verlor die »gesamte Habe«, Notizen und Schriften aus dreißig Jahren verbrannten.
Am 25. September 1943 trägt er ins Tagebuch ein: »Am 21. Juli verlasse ich zum ersten Male seit fünf Jahren die Wohnung, um vierzehn Tage Ferien in der Heide mit meiner Frau zu verleben. Es ist nicht zu schildern, von welchen Zufällen diese Ferien abhängig waren und noch wenige Stunden vor der Abreise zweifelhaft. Und vier Tage später beginnt die Vernichtung Hamburgs ... Ich stand in den vier Nächten auf einem Hügel in Maschen, 25 km von Hamburg entfernt, und sah das Feuer auf die Stadt niederfallen. In der letzten Nacht begann auch die Heide zu brennen, aber es kam ein Gewitter und löschte sie. Ich stand da und seufzte vor Hilflosigkeit.«

Nach dem Tod seines Vater übernimmt Nossack 1947 die Firmenleitung – und veröffentlicht die ersten Gedichte. Bis 1956 führt er ein Doppelleben, tagsüber arbeitet er im Büro der Kaffeeimportfirma, nachts und am Sonntag ist er Schriftsteller. Als er die Doppelrolle aufgibt, Mitte der Fünfzigerjahre, verlässt er zugleich von neuem Hamburg und zieht nach Aystetten bei Augsburg, unterstützt von einem Schweizer Mäzen. Über Darmstadt kehrt er 1969 zurück nach Hamburg. Mit seiner Geburtsstadt verbindet ihn eine Art Hassliebe, er nennt sie »Totenstadt«. Heute ist er als Schriftsteller beinahe vergessen, in der Stadtbibliothek, in der ich mich nach einem bestimmten Werk Nossacks erkundige, wird zurück gefragt: »Wie heißt der Mensch?«
Nossack gilt schon zu Lebzeiten als Einzelgänger und Außenseiter, der sich nicht dem Literaturbetrieb anpasst. Sein Thema, sagt man, sei der »Mensch in der Grenzsituation« – er wird mit Kafka verglichen. Seine literarische Form sei der Monolog, das Protokoll, die Aufzeichnung. Er erzähle nicht, sondern gebe Rechenschaft.
In der zu Beginn erwähnten Glosse schreibt Nossack: »Ich habe mir im-

mer große Mühe gegeben, nicht als Schriftsteller erkannt zu werden. Ich wollte lieber für einen Kaufmann, einen Industriellen oder einen Anwalt gehalten werden. Auch mit Bundestagsabgeordneter wäre ich zur Not einverstanden gewesen. Das alles sind unverdächtige Berufe, in denen man für voll genommen wird, während einem Mann, der sich mit Kunst abgibt, nicht über den Weg zu trauen ist.«
Viele Fotos Nossacks präsentieren, wie ein Journalist bemerkte, einen »reservierten Herrn, der von seinem Gesicht nur die brutalen Schmisse aus der Burschenschaft herzeigt. Den großbürgerlichen Kaufmann würde man ihm jederzeit glauben und dass ihn Fürchterliches umtreibt.«

»Nossack hat die Bedeutung seiner Biografie für sein Werk stets betont aber auch verschleiert«, sagt man. Nach Nossack gibt es zwei Arten von Biografien: Über die eine, über die bürgerliche oder statistische könnten die »Standes-, Wohnungs-, Finanzämter und andere Behörden weit besser Auskunft geben« als die Person selbst, die andere: mit der mühe er sich ab. Allerdings gesteht er, die beiden Biografien könnten zusammenfallen oder sich »schmerzhaft überschneiden«. Das sei bei ihm 1943 gewesen, »als Hamburg zerstört wurde«. »Es gab nichts, worauf ich mich berufen konnte. Ich stand ohne Vergangenheit da.« Als geistigen Vater nennt er Barlach, als Brüder den Maler Max Beckmann und den französischen Schriftsteller Albert Camus.
1950 zählt Nossack zu den Gründungsmitgliedern der Hamburger »Freien Akademie der Künste«, in deren Jahrbuch 1964 der für diese Mikro-Biografie zentrale Text »Gehbehinderter, greif zur Feder!« erschien. Die Glosse, in der er mit ironischer Distanz auf seine lebenslange leichte Gehbehinderung eingeht, wird auch in einer Zeitschrift unter dem Titel »Falsche Ehren« veröffentlicht.
1956 richtet die Berliner »Akademie der Künste« eine vertrauliche Anfrage an die Kulturbehörde Hamburg in Bezug auf die bevorstehende Verleihung des Berliner-Fontane-Preises an Nossack: »Können Sie zu dem – durchaus unverbürgten – Gerücht etwas sagen, nach dem der Hamburger Schriftsteller Hans Erich Nossack Beziehungen zu sowjetdeutschen Stellen hat oder zumindest mit dortigen Verhältnissen sympathisiert?« Die Antwort: Es sei »nichts Nachteiliges« zu berichten und weiter: »Herr Nossack ist ein typischer Individualist und passt in kein System, am wenigsten in ein Kollektives.« Nossack hänge sicherlich den in seinen Kreisen verbreiteten, naiven intellektuellen politischen Vorstellungen an, aber: »Er macht es sich und seinen Lesern nicht leicht. Man sollte ihn fördern.«
Folgende Selbstcharakterisierung hat Nossack einer seiner Romanfiguren in den Mund gelegt: »Nossack rühmt sich der bestgetarnte Schriftsteller zu sein. Ich hatte ihn mir klein, zart und träumerisch vorgestellt; sein Motto ›Was sich nicht träumen lässt, hat keine Wirklichkeit‹ hatte

mich irregeführt. Stattdessen traf ich einen hoch gewachsenen Mann von starkem Knochenbau, eher kantig als weich und von einer nervösen und nervösmachenden Wachsamkeit. Dauernd wechselt sein Gesichtsausdruck, dauernd lenkt er von sich ab und versucht sich mit einer wegwerfenden Handbewegung auszulöschen. Das irritiert sehr. Dies Verhalten und solche Äußerungen wie: ›Wenn etwas von mir Erfolg hat, ist meine erste Frage: Was habe ich falsch gemacht?‹ haben ihm den Vorwurf des Hochmuts eingetragen.«

Anmerkung

Eine Biografie zu Hans Erich Nossack steht noch aus. Anlass meines Textes war eine Ausstellung in der Staatsbibliothek Hamburg: »... niemals Lebenserinnerungen« Dezember 1998/Januar 1999. Darüber berichtete der Journalist Willi Winkler in der Süddeutschen Zeitung am 23. November 1998: »Totgesagte Stadt«. Hans Erich Nossack: »Gehbehinderter, greif zur Feder!« In: Hinweise und Huldigungen, Jahrbuch Freie Akademie der Künste. Hamburg 1964. Hans Erich Nossack: »Bitte kein literarisches Geschwätz. Interview mit sich selbst und Autobiografie«. In: Christof Schmid (Hrsg.): »Über Hans Erich Nossack«. Suhrkamp Verlag Frankfurt a. M. 1970. Hans Erich Nossack: »Tagebücher 1947-1977«, 3 Bände. Suhrkamp Verlag Frankfurt a. M. 1997.

21

Die Malerin mit geschientem Fuß

Die Achtzehnjährige wurde von ihrem Vater fotografiert oder besser, in Pose gesetzt. Er war von Beruf Fotograf und komponierte die Aufnahme nach den Regeln der Kunst. Das Porträt seiner Tochter erhält Tiefe durch eine Diagonale von links unten nach rechts oben, von den weißen Strümpfen über die helle Hand fast in der Bildmitte bis zum entschiedenen Gesichtsausdruck. Der schnörkellose Stuhl, auf dem die Jugendliche in tadelloser Haltung sitzt, ist leicht quer, parallel zur vorgegebenen Diagonale, auf einem die Perspektive betonenden Teppich platziert. Die junge Frau trägt ein dunkles, glänzendes, hochgeschlossenes, dennoch leicht erscheinendes Kleid mit einer kleinen Verzierung am Saum und einer größeren ovalen auf der Brustmitte. Sie hält den Kopf leicht gewendet, sodass ein Ohr deutlich von ihrem streng nach hinten gekämmten, in der Mitte gescheitelten schwarzen Haar abhebt. Ihr Blick geht geradeaus, ist offen und direkt, unter markanten Augenbrauen. Die Arme sind zum Schoß hin angewinkelt, auf dem zwei Bücher liegen, deren Umschläge sich kontrastieren. Allein mit der Fotografie ist der biografische Hinweis, dass die Achtzehnjährige »sehr sorgfältig ihr dünnes rechtes Bein hinter dem linken zu verbergen sucht«, nicht zu verifizieren, obwohl sie es genau so zeigt.
Auf einem späteren Porträt, fünfundzwanzig Jahre danach, aufgenommen von einer bekannten Fotografin, sitzt dieselbe Frau im Rollstuhl. Diese zweite Fotografie könnte als Bestätigung der verborgenen Behinderung in der ersten herangezogen werden, aber die Aufnahme dokumentiert eine selbstbewusste Malerin. Der Mann, der hinter ihr steht und dessen Porträt als Staffeleibild neben einem Selbstbildnis der Malerin auftaucht, ist einer ihrer sie in den letzten Lebensjahren betreuenden Ärzte, das ist hier die biografische Ergänzung, die die Bedeutung der Fotografie steigert.

»Die Lebensgeschichte der Frida Kahlo beginnt und endet im selben Haus«, berichtet eine Biografin. Das Haus, in dem Frida Kahlo 1907 in Mexiko geboren wurde und 1954 starb, steht am südlichen Rand von Mexiko City. Sie ist die Tochter eines Einwanderers, der in Baden-Ba-

den zur Welt kam als Sohn eines jüdisch-ungarischen Juweliers. Ihren Vornamen schreibt Frida Kahlo noch lange in deutscher Version mit ›ie‹: Frieda. Sie ist das »Lieblingskind des Vaters« und sie sagt von ihm, der oft krank war und vermutlich an Epilepsie litt, er wurde »für mich zu einem unvergleichlichen Vorbild an rücksichtsvoller Zärtlichkeit, an sachkundiger Arbeitsweise als Maler und Fotograf und vor allem an Verständnisbereitschaft für alle meine Probleme«. Frida Kahlo beurteilt ihre Kindheit positiv. Doch als Sechsjährige erkrankt sie an Kinderlähmung. »Es fing mit schrecklichen Schmerzen im rechten Bein an«, entsinnt die Erwachsene sich. »Mein Bein wurde in einem kleinen Zuber mit Walnusswasser gewaschen und mit heißen Tüchern gerieben.« Von der Polioerkrankung bleibt ein verkrümmter Fuß und ein geschwächtes Bein zurück. Der Arzt empfiehlt körperliche Stärkung, Frida fährt Fahrrad, spielt Fußball und schwimmt. Auch wenn sie mit mehreren Socken oder durch geschickte Bewegungen ihre Behinderung zu vertuschen versucht, die Schulkameradinnen legen sie bloß. »Wir waren ziemlich grausam, wenn es um ihr Bein ging«, gesteht eine Schulfreundin. »Beim Fahrradfahren riefen wir ihr nach: *›Frida, pata de palo!‹* (etwa: Holzbein-Frida), und sie schimpfte dann mit allen ihr zu Gebote stehenden Flüchen zurück.«
Mit vierzehn Jahren ist sie schlank und elegant, »sie strahlte eine seltsame Lebhaftigkeit aus und legte eine Mischung von Zartgefühl und mutwilliger Ausgelassenheit an den Tag«, schreibt die Biografin.

Mit ihrem Schulfreund Alejandro Gómez Arias sitzt Frida Kahlo 1925 im hinteren Teil eines Autobusses, der mit einer Straßenbahn kollidiert. Frida Kahlo erzählt später: »Kurz nachdem wir in den Bus gestiegen waren, kam es zu dem Zusammenstoß. Vorher hatten wir in einem anderen Bus gesessen; aber weil ich einen kleinen Sonnenschirm vermisste, waren wir wieder ausgestiegen, und so kam es, dass wir in das Unglücksfahrzeug gerieten, in dem ich zum Krüppel werden sollte.« Sie charakterisiert den Unfall als nahezu »lautlos«. Sie erleidet Brüche an der Wirbelsäule, dem Schlüsselbein und den Rippen, eine abgebrochene Haltestange durchbohrt ihr Becken, der Fuß des rechten Beins wird zerquetscht. Das Foto der Achtzehnjährigen ist etwa ein Jahr nach diesem Unglück entstanden.

Frida Kahlo liegt einen Monat lang in Gipsschalen und Streckverbänden. Die Biografin bemerkt: »Das Mädchen, dessen Sturmschritt in den Schulkorridoren an einen Vogel im Flug erinnert hatte, das gewohnt war, bei fahrenden Bussen und Trambahnen auf- und abzuspringen, sie war nun zur Bewegungslosigkeit verurteilt.« Und: »Um ihren Körper nach der Kinderlähmung wieder fit zu machen, hatte Frida mit viel Selbstdisziplin Sport betrieben. Jetzt, nach dem Unfall, gehörte umgekehrt viel Selbstüberwindung dazu, sich möglichst wenig zu bewegen.«

Frida Kahlo beginnt zu malen. Malt sie, wie man sagte, um »mit sich selbst als Behinderten zurechtzukommen«? Einige Motive ihrer Bilder stützen diese Interpretation. Sie enthalten »lautlose Klagen«. Durch die künstlerische Selbstdarstellung gelingt es ihr offensichtlich Distanz zu gewinnen und ihren psychischen und körperlichen Zustand im Zusammenhang mit der Behinderung zu reflektieren.

Frida Kahlo: »Sobald sie mich wieder auf die Straße hinaus ließen, klemmte ich mir meine Bilder unter den Arm und machte mich auf den Weg zu Diego Rivera, der damals gerade im Erziehungsministerium an Wandmalereien arbeitete.« Sie will von dem berühmten unorthodoxen kommunistischen Maler eine ehrliche Meinung hören, sie macht von seinem Urteil abhängig, ob sie weitermachen soll. Er gesteht ihr Talent zu, obwohl ihre Kunst sich wesentlich von seiner unterscheidet, der sich mit monumentalen Geschichtsfresken abgab, während sie sich vor allem mit ihrer alltäglichen Lebensweise beschäftigte. Ihr Engagement hat deswegen keineswegs lediglich privaten Charakter, ihre politischen Stellungnahmen, vor allem ihre Würdigung Stalins, sind umstritten.

„Es ist keine Frage«, schreibt eine weitere Biografin, »dass das gesamte Leben sich für Frida nach dem Unfall anders darstellt.« Und: »Es hat den Anschein, als würde sie sich hinter einer Maske der Stärke und Unversehrtheit verbergen. Aus alldem stilisiert sie ihr Selbstbild als das einer abgeklärt heroisch Leidenden.« Sie verwirkliche durch ihr Werk eine »künstlerische Autobiografie«.

Dann verliebt sich Frida Kahlo in Rivera, der von »ihrer Offenheit entwaffnet« wird. 1929 heiraten sie, es ist ein ungleiches Paar, auch vom Erscheinungsbild, sie zierlich und klein, er groß und korpulent. Die Eltern sagen, es wäre »wie eine Hochzeit zwischen einem Elefanten und

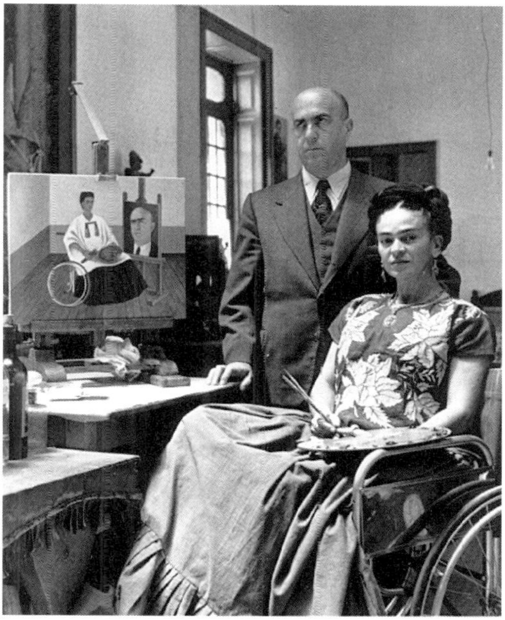

einer Taube«. Frida Kahlo lakonisch: »Ich versteckte den geschienten Fuß, so gut es ging, und wir wurden Mann und Frau.«

Mit Diego Rivera zieht sie nach San Francisco und New York. In Chicago hat sie eine Fehlgeburt. Wieder ist das Malen das »Heilmittel« – gegen ihre Unfruchtbarkeit. Mit der US-amerikanischen Gesellschaft kann sie sich nicht anfreunden. Sie fällt auf mit ihren bunten mexikanischen Trachtenröcken (im Gegensatz zum dunklen Kleid der Achtzehnjährigen), deren Länge ihr dünnes Bein verdeckt und das Hinken beim Gehen ausgleicht.
Neben Rivera wird sie mehr und mehr als »eigenständige Malerin« wahrgenommen. In den Vierzigerjahren vergrößert sich ihr Ruhm, allerdings vor allem außerhalb Mexikos in der von ihr wenig geliebten USA. Auch Paris ist für sie persönlich (nicht künstlerisch) eine Enttäuschung. Das Format der Bilder wird größer. Durch den Verkauf ihrer Bilder verschafft sich Frida Kahlo mehr Unabhängigkeit von ihrem Mann.
Die erste Biografin stellt fest, dass der Unfall Frida Kahlo vom »albernen Kind in eine junge Frau mit einem Hang zur Melancholie verwandelt« habe, während sie durch die bald folgenden Affären ihres Mannes zu einer »lebensklugen und selbstbestimmten Frau« gereift sei. Diego Rivera selbst duldet die Liebschaften seiner Frau nicht, sie verheimlicht sie, ausgenommen Beziehungen zu Frauen. Sie gewähren sich zwar gegenseitig Unabhängigkeit, aber es kommt zur Trennung und später zur Wiederverheiratung. Die Biografin notiert: »Nach der Scheidung wurden Fridas Affen eine Art Ersatzliebesobjekt« – der Klammeraffe symbolisiere zugleich Trost, Mitgefühl wie auch Unberechenbarkeit, Wildheit, »ungezähmte Regungen, die verborgen im Wesen der Malerin auf der Lauer liegen«.
Rivera nennt 1943 die Malerei seiner Frau insofern realistisch, als sie »gleichzeitig das Äußere und Innere ihres eigenen Wesens und das der Außenwelt« darstelle. Einer der bekanntesten Surrealisten erklärt: »Die

Kunst der Frida Kahlo ist wie ein farbiges Band um eine Bombe.« Sie selbst hingegen sagt: »Ich hatte keine Ahnung, dass ich surrealistisch male.« – »Ich habe nie Träume gemalt. Ich habe meine eigene Wirklichkeit gemalt.« Und: »Meine Malerei vermittelt Nachrichten vom Schmerz ...«

Bemerkenswert ist Frida Kahlos Beziehung und Freundschaft zu mehreren ihrer Ärzte – als junge Frau wollte sie selbst Medizin studieren. In San Francisco wird sie behandelt von Leo Eloesser, in Mexiko unter anderem von Juan Farill, beides chirurgische Kapazitäten, mit denen sie jahrelang befreundet war.
»Auch wenn es so aussieht«, bemerkt die erste Biografin, »als ob Fridas medizinische Behandlung ungezielt und von gelegentlichen Irrtümern gekennzeichnet war, ließ man ihr dennoch die beste Pflege angedeihen, die zu jener Zeit zu Gebote stand.« Das Verhältnis zu Farill hebt die Biografin hervor: »Vielleicht fühlte sie sich ihrem Arzt so besonders verbunden, weil er selbst gehbehindert war. Auch er hatte Operationen an seinem Bein und Fuß über sich ergehen lassen müssen. Jahrelang hatte er zum Gehen Krücken gebraucht, und später musste er ständig orthopädische Stützen tragen.« (Das ist auf der zweiten Fotografie nicht sichtbar.) Das Selbstbildnis mit Farills Porträt, das Frida Kahlo malte, interpretiert die Biografin als Votivgabe, als »Werk für ihr inneres Wohlbefinden« und Dankbarkeit gegenüber Farill.
Aber Frida Kahlo kennt auch »Verzweiflungsanfälle« und »Todeswünsche«. Die zweite Biografin erwähnt, dass Frida Kahlo, »wenn sie allein ist, zum vermeintlichen Linderungsmittel Alkohol (greift), was so viel heißt wie Rotieren in einem Teufelskreis, denn die Folgen des Alkohols schlagen sich als zusätzliche gesundheitliche Beeinträchtigung nieder«. In der Öffentlichkeit scherzt sie über ihr Schicksal, verdeckt damit aber ihre Niedergeschlagenheit.
In ihrem »gemalten Tagebuch« setzt sie sich eindringlich damit auseinander, dass ihr im Sommer 1953 der rechte Unterschenkel amputiert werden musste. Sie zeichnet sich nackt mit einem Holzbein. Seltsam bleibt, dass in dieser Skizze ihr linkes Bein betroffen, es also nur für die Betrachter das rechte ist. Mit Pfeilen markiert sie mehrere Stellen ihres Körpers, man bezeichnet ihn als »Schauplatz der Schmerzen«. Sie lehnt es zunächst ab, eine Prothese zu tragen. Die Amputation verletze »Fridas ästhetisches Empfinden«, stellt die erste Biografin fest und fährt fort: »Um die Prothese zu verbergen, ließ sie sich luxuriöse Stiefel aus rotem Leder anfertigen, die mit chinesischen Goldverzierungen und kleinen Schellen geschmückt waren.« Von dem Schock der Amputation erhole sie sich nicht mehr. Die Biografin fasst zusammen: »Gegen Ende ihres Lebens beschrieb die Künstlerin die Folge orthopädischer Korsetts, die sie von 1944 an hatte tragen müssen, und die mit diesen Apparaten verbundenen Behandlungsmethoden als eine regelrechte Serie von Folter-

strafen.« Doch: »Nach außen versuchte Frida, sich wenig anmerken zu lassen und ihre Leiden auf die leichte Schulter zu nehmen; aber sobald sie allein war, drehte sich natürlich alles um ihren körperlichen Zustand.« Als Ursache der vielen Operationen Frida Kahlos wird neuerdings auch auf eine mögliche, angeborene Behinderung, Spina bifida, verwiesen.

Ein Jahr vor ihrem Tod – »die offizielle Version der Todesursache lautet: Lungenembolie; wahrscheinlicher ist, dass sie den Freitod gewählt hat«, fügt die zweite Biografin hinzu – wird Frida Kahlo in einer großen Ausstellung in Mexiko gefeiert, man sagt: »Alle Krüppel Mexikos kamen, um Frida einen Kuss zu geben.«

Anmerkung

Ich orientierte mich an zwei Biografien, aus denen auch die Zitate und Aussagen Frida Kahlos entnommen sind: Die erste stammt von Hayden Herrera: »Frida Kahlo: Malerin der Schmerzen. Rebellin gegen das Unabänderliche«. Scherz Verlag Bern 1983. Die zweite ist von Linde Salber: »Frida Kahlo«. rororo Bildmonografien Reinbek bei Hamburg 1997. Frida Kahlos »Gemaltes Tagebuch« erschien bei Kindler München 1995. Die genannte bekannte Fotografin ist Gisèle Freund, der Surrealist André Breton.

22

Der gehbehinderte Erkenntnistheoretiker

Der Buchumschlag zeigt ein Foto in der Art einer Totenmaske. Eine Gesichtshälfte, hell oder überblendet, hebt sich vom schwarzen Hintergrund ab. Die markanten, buschigen Augenbrauen – schon nach dem Talmud ein Zeichen des bösen Blicks – erscheinen finster auf der einen Seite, über einem freundlich blickenden Auge, borstig leuchtend auf der anderen, die ihr Auge im scharfen Schatten der Nase verschwinden lässt. Dazwischen ragen kurze, dunkle und spitze Stirnfalten empor, senkrecht und parallel, wie vom Kopfumriss nach innen versetzte kleine Hörner. Der Mund ist leicht geöffnet, fast frohlockend, aber im Schnappschuss eingefroren.
Ein Mephisto, ein »Zerstörer des Guten« – wie das Lexikon eine unerwiesene ursprüngliche Übersetzung angibt? In der Tat ließe sich Paul Feyerabend als ein Mephisto der Wissenschaft und des Positivismus sehen, der außerdem, wenn auch unfreiwillig oder durch die Reaktionen seiner Kontrahenten begünstigt, an der überlegenen, weltgewandten, humorvollen Gegenspieler-Figur in Goethes Faust partizipierte. Paul Feyerabends Autobiografie »Zeitverschwendung« und seine »Briefe an einen Freund« offenbaren den berühmt-berüchtigten Erkenntnistheoretiker als Geschichtenerzähler.

Aus eher zufällig erhalten gebliebenem Material, denn er selbst bewahrte kaum Dokumente auf, rekonstruierte Feyerabend seine Familiengeschichte. Mit dem Vater verband ihn nicht viel – er nahm nicht an dessen Begräbnis teil –, später kehrte der Vater versöhnlich in seine Träume zurück. Auch zur Mutter – bei deren Suizid mitten im Zweiten Weltkrieg er »absolut nichts« empfand – erlebte er ein »Gefühl der Nähe« erst später durch einen wieder aufgefundenen Brief. Die Eltern »heirateten vor dem Ersten Weltkrieg, überlebten den Krieg und die Inflation und warteten fünfzehn Jahre, bis sie genug Geld für ein Kind hatten – und dann brachten sie mich hervor.« Feyerabend wird am 13. Januar 1924 geboren.
Feyerabend wuchs in Wien auf. Auf einem Foto erscheint er sich selbst als Kleinkind wie »ein kleines fettes Monster, das über und über in Tücher eingehüllt war und außerordentlich dumm aus der Wäsche schau-

te«. Schmerzen waren für ihn (auch als Erwachsener) alltäglich, er war oft krank und hatte (als Kind) ein Nervenleiden. In der Schule wurde er ausgelacht und man riet ihm sich zur Wehr zu setzen, darauf brach er einem Angreifer den Arm. Er glaubte lange an den Sankt Nikolaus, an Engel und Geister.
»Später, als ich etwa sechzehn war, hatte ich den Ruf, mehr von Physik und Mathematik zu verstehen als unsere Fachlehrer. Sie schienen den Gerüchten zu glauben und ließen mich in Ruhe ... Ich bewunderte die Mädchen aus der Ferne und stellte mir vor, wie ich sie aus heiklen Situationen rettete.« Noch mit einundzwanzig Jahren nennt er sich »ausgesprochen ahnungslos«.
Die meisten Bücher kaufte er stapelweise aus zweiter Hand, so wurde ihm die Philosophie gewissermaßen untergejubelt. Er liebte die Oper – und wäre beinahe Opernsänger geworden –, doch der Einberufungsbefehl kam dazwischen.
Was machte der jugendliche Feyerabend, als 1938 der »Anschluss« Österreichs an Hitler-Deutschland erfolgte? Das zwar im Alltag mit »Unannehmlichkeiten« verbundene »Ereignis«, wie er die Nazizeit nennt, lief an ihm vorbei. Er war weder begeistert noch angewidert, manchmal widerspenstig, aber auch anpassungsbereit. Kurz nach der Matura wird er 1942, zuerst zum Arbeitsdienst abkommandiert, dann zur Wehrmacht. Rückblickend und überrascht entnimmt er seinem Soldbuch, dass er an der Ostfront 1944 zum Leutnant befördert wurde und das Eiserne Kreuz zweiter Klasse erhielt, erinnern kann er sich daran nicht. Feierabend erzählt aber Episoden wie die, dass ihn, als er mit einem Kameraden im Feld an einem Bauernhaus um Milch und Maisbrot bat, die Verweigerung erstaunte. Erstmals wird ihm Feindschaft bewusst. Anfang 1945, in Polen, wurde er auf der Flucht vor den Russen, angeschossen. »Einen

Augenblick lang sah ich mich im Rollstuhl an einer endlosen Bücherwand entlang fahren – ich war fast glücklich.«
Im Lazarett sagten sie ihm, obwohl er an seinen Beinen keinen Kratzer entdecken konnte: »Sie sind gelähmt.« Eine Kugel steckte in der rechten Hüfte. »Ich war nicht übermäßig besorgt. Ich erschrak sogar, als sich eine meiner Zehen wieder bewegte ... Ich hatte nichts dagegen, ein Krüppel zu sein, ich war zufrieden, unterhielt mich mit meinen Nachbarn, las Romane, Gedichte, Krimis und Aufsätze über alles Mögliche. Schopenhauer wirkte auf mich wie ein Schock; seine Beschreibung von Leuten, die sich wahllos mit Lektüre voll stopfen, schien hervorragend auf mich zu passen ... Ich saß draußen im Garten im Rollstuhl.« So erfuhr Feyerabend in Weimar von der Kapitulation Deutschlands.

Langsam lernte Feyerabend »auf Krücken« wieder zu laufen. Er studierte in Wien Physik, zwei Semester wurden ihm als Kriegsteilnehmer erlassen und er erhielt lebenslang eine monatliche Rente. Seinen Gesangs- und Schauspielunterricht nahm er wieder auf. Man sagte von ihm, dass er an vielen Orten mit Prominenten nur deshalb anzutreffen war, »um die Leute zu provozieren«. Zum Beispiel in Alpbach im Tirol, einem Zentrum, in dem sich zu Symposien Leute wie Lise Meitner, Bruno Kreisky oder Karl Popper trafen. Feyerabend sollte als Stenograf arbeiten, mischte sich dann aber selbst frech in die Diskussion ein.
Politische Überzeugungen hatte er keine, er wählte einmal kommunistisch, »aber das war alles«. Er heiratete – und ließ sich bald wieder scheiden (mehrmals). Er gesteht einige Affären – »aber ich habe nichts über Sex erzählt. Das liegt nicht an meiner Verschwiegenheit. ... Wenn ich dachte, es würde jetzt dazu kommen, wich ich meistens aus. Immerhin war ich impotent, und ich war mir nicht sicher, wie die Frauen auf meine Behinderung reagieren würden. Mehr als einmal erregte ich Verwunderung und sogar Wut, als ich bei der entscheidenden Wendung der Tür zustrebte und verschwand. Wenn unser Treffen dann doch im Bett endete, sei es aus Zufall oder aus Missgeschick, oder weil meine Wünsche mit mir durchgegangen waren, dann achtete ich sorgfältig auf jede Bewegung, die ich sah, und jeden Laut, den ich hörte, und versuchte, meine Partnerinnen mit Mitteln zu befriedigen, die sich von der Standardmethode unterschieden ...«
Auch in anderer, typischer Hinsicht erlebte er seine Behinderung als Kontrastierung der Norm, wie er später, eine beklemmende Begegnung ironisch verformt, in einem Brief berichtet: »Bei meinem morgendlichen Spaziergang begegnete ich einem elegant gekleideten Herrn mit Dobermann an der Leine, der Dobermann sah mich, verlor den Verstand (so geht es manchen Hunden, wenn sie mich mit der Krücke sehen), raste auf mich los, zerrte seinen Herrn an der Leine hinter sich her, der Herr fiel, wurde durch Pfützen und Morast geschleppt, sah gar nicht mehr elegant

aus, aber den Hund hielt er an der Leine und das war gut so, denn auf einen Kampf mit dem Hund hätte ich es nicht ankommen lassen wollen.«

In London wurde er Poppers Schüler, dessen Philosophie er nun in der Autobiografie als »gefährlich« aufgrund einer »paralysierenden Methode« bezeichnet. 1958 erhielt Feyerabend in Berkeley eine Professur, zuerst als Gast, dann fest, und hier begann seine Karriere als Erkenntnistheoretiker. In den Sechziger- und Anfang der Siebzigerjahre pendelte er zwischen London, Berlin, Yale, Aukland und Berkeley hin und her.
1975 erscheint sein Essay »Wider den Methodenzwang«, mit dem umstrittenen »einzigen Grundsatz, der den Fortschritt nicht behindert«: *Anything goes (Mach, was du willst)* Dieser Slogan einer zuerst anarchistisch, dann dadaistisch genannten Erkenntnistheorie begründet seinen Ruf als enfant terrible der Wissenschaftstheorie. Er sagte selbst, er konnte sein Maul nicht halten, aber er war auch überrascht, dass man ihn als »gemein und aggressiv« einstufte. Er wehrte sich, und man warf ihm Inkonsequenz vor. Er verfiel in Depressionen. Seinen »Relativismus« schränkte er nachträglich ein. Er bemerkte selbstkritisch – im Zusammenhang des Sexismus-Vorwurfs, zur häufigen Verwendung männlicher grammatikalischer Formen: »Kleine Gesten halten große Vorurteile am Leben.«
1975 änderte er nach einer nicht zu diagnostizierenden Krankheit – er konnte kaum mehr stehen – seine Arbeitsweise, seine bisher auf Spontaneität angelegten Vorlesungen bereitete er nun genauer vor und ließ kaum mehr Veranstaltungen aus »Faulheit« ausfallen.

Die letzten zehn Jahre lehrte Feyerabend in Zürich, an der Eidgenössischen Technischen Hochschule, und wohnte am Zürichseeufer. Er schreibt, dass man ihm später erzählte, er habe als »flippiger Typ« die seriöse Stelle nur bekommen, weil die »Bundesbehörden die Ablehnung empfahlen«, daraufhin aber sah der Präsident der ETH die akademische Freiheit der Entscheidung bedroht. Bei seiner Inauguralvorlesung 1981 wurden Wetten abgeschlossen, ob er in einem Anzug erscheinen oder wieder »mit seinem löchrigen Pullover auftauchen« werde. Er erfuhr dies kurz davor, ärgerte sich und zog sein »schönes Hemd« aus und hielt die Vorlesung im grellroten Sweatshirt Auch ist zu erfahren, dass der jüngere, logisch genaue Kollege, Paul Hoyningen-Huene, in Zürich, mit dem er sich befreundete, gut kochen könne und ein Weinkenner sei.
Nicht nur wenn Wissenschaftstheoretiker Geschichten erzählen, kann das manchmal in Klatsch absacken. Feyerabend sagte selbst, dass die »guten Geschichten«, die ihn allein an den Wissenschaften interessierten, immer »bald standardisiert, gelehrt, systematisiert und in Normalscheiße verwandelt« würden. Vielleicht hat es aber auch damit zu tun, wie Feyerabend in einem Brief notiert, dass man in der Schweiz einiges machen

muss, »um eine Identität zu erhalten. Vorläufig existiere ich nämlich noch gar nicht.« Da passt es, dass er zur gleichen Zeit den Plan seiner Autobiografie (»vollständig, Tod und Nachleben eingeschlossen«) ankündigte. Er soll sich zu Beginn der Neunzigerjahre positiv zur »Euthanasie«-Debatte, die viele behinderte Menschen als Bedrohung empfinden, geäußert haben.
Paul Feyerabend starb am 11. Februar 1994.

Mit fast siebzig Jahren schreibt er, dass er demnächst seinen »fünfzigsten Geburtstag als Krüppel« feiern werde. »Ich kann mir gar nicht mehr vorstellen, wie das ist, ›normal‹ herumzugehen und oft sehe ich mir diese Zweifüßler, meine Mitmenschen, an und frage mich ›Wie machen die das, ohne Stock und ganz gerade?‹« *Anything goes* ließe sich biografisch übersetzen: Nichts geht mehr ohne Gehhilfe – der Zustand ohne sie ist nach Feyerabend erklärungsbedürftig.

Anmerkung

Paul Feyerabends Autobiografie »Zeitverschwendung« und seine »Briefe an einen Freund«, herausgegeben von Hans Peter Duerr, sind beide im Suhrkamp Verlag Frankfurt a.M. 1995 erschienen.

23

Der hautkranke Autor

Mit ironischem Unterton sagt der bekannte US-amerikanische Autor John Updike (geb. 1932), dass er besser selber eine Autobiografie vorlege als von anderen biografisch abgehandelt zu werden, obwohl oder gerade weil er sich der Vorläufigkeit einer solchen »Lebensbilanz« in einer bestimmten Lebenssituation bewusst sei. Aber im Grunde, behauptet Updike, sei sein »Leben zu langweilig« für eine Autobiografie, und: »Außerdem existiert die schon: verteilt auf meine Short Storys.« Ein Kulturredakteur, der ihn in den letzten Jahren mehrmals besuchte, beschrieb Updike wie folgt: »An der Wand hängen einige Fotos. Er erklärt, mit wem er jeweils darauf zu sehen ist. Sein Gesicht hat sich im Laufe des Lebens sehr verändert. Er gehört zu jenen Männern, die in der Jugend eher etwas dümmlich dreinschauen und erst mit den Jahren Konturen bekommen. Der Kopf mit der ausgeprägten Nase strahlt heute sowohl Verletzlichkeit wie Genussfähigkeit aus, also auch die Fähigkeit, mit sich selbst zufrieden zu sein, endlich nach so vielen Jahren der Unsicherheit. Er zählt zu jenen, die erst im Alter richtig attraktiv werden. Sein Haar ist eine Mischung aus Dunkelblond und Weiß, ohne dass es wie Altersgrau wirkt. Er ist agil, doch bedächtig in seinen Bewegungen.« Ich greife zur Nacherzählung zwei Abschnitte von Updikes autobiografischen Essays heraus. Sie sind überschrieben mit »Im Krieg mit meiner Haut« und »Über die Schwierigkeit, die Worte herauszubringen«.

Die erste Erinnerung an die Psoriasis, die Schuppenflechte, ist für Updike mit dem ekligen Geruch an das zähflüssige damalige Behandlungspräparat mit dem Wirkstoff Teer verbunden. Für die Stoffwechselstörung Psoriasis, die Überproduktion von Hautzellen bei der Selbsterneuerung, wird später eine angenehmere »kontrollierte Lichtbehandlung« eingeführt. Die Krankheit hat er von seiner Mutter geerbt. »Krankheit« – diesen Ausdruck findet Updike zu hart für einen Zustand, der nicht schmerzt noch ansteckend ist, aber andererseits hat die Psoriasis das Unkalkulierbare jeder Krankheit und sondert ihn von den Gesunden ab. Auf seinen Kindheitsfotos kann Updike keine Anzeichen seiner Hautkrankheit entdecken. »Ich lernte allerdings nicht schwimmen, wegen meines Aussehens.« Updike mag sich aber kaum an konkrete Kränkungen aus seiner Kindheit erinnern. Dennoch hält ihn die Psoriasis in Atem. »Geheimhaltungsstrategien schießen ins Kraut, und die Selbstprüfung nimmt kein Ende.« Updike fügt hinzu: »Eine Überbewertung des Normalen ging mit meinem Leiden einher, eine Idealisierung jedes Menschen, der nicht das war, wofür ich mich hielt: eine Missgeburt.«

Es peinigt Updike, über die Psoriasis zu schreiben, obwohl er schon zwei seiner literarischen Figuren mit der Hautkrankheit gezeichnet hat. Autobiografisch dennoch darüber zu berichten, begründet Updike damit, dass er oft den Anstoß für Originalität seiner Krankheit verdankte. Sie bestimmte im Übrigen seine Arbeit als freier Schriftsteller, die allerdings in der Abgeschiedenheit stattfand.

Jeden Frühsommer holt er sich einen Sonnenbrand, absichtlich brandmarkt er seine Haut; »rosa Flecken auf weißer Haut wurden zu weißlichen Flecken auf roter Haut, das hieß, sie (die Psoriasis) war auf dem Rückzug«. Updike nennt es »sengende Selbstheilung«. Aber die Haut, sagt er, schlägt zurück, wird abgestumpft und jeweils im Herbst bringt sie ihn wieder in Bedrängnis. Die Haut ist nachtragend. Aber auch Updike söhnt sich nicht mit der Psoriasis aus. »Mein Krieg mit meiner Haut hatte mit Eigenliebe zu tun, ich wollte mich selber akzeptabel finden, einerlei, ob andere es taten oder nicht.« Mit zweiundvierzig wirkt das Sonnenbaden nicht mehr.

Nun bewirbt sich Updike bei einem dermatologischen Forschungsprojekt. Nur schwere »Fälle« werden angenommen. Als Updike sich auszieht, sagt der Arzt zu und fotografiert umständlich und ausführlich dessen »Beschädigungen«. Updike registriert, »dass ich mich dem Ende einer langen Reihe demütigender Zurschaustellungen näherte«. Die medikamentöse Behandlung ersetzt die Sonne, die Therapie ist erfolgreich, Updike ist »sauber«.

»Weiß ist gut, rein ist besser; ich war geheilt und konnte nun alle gedachte Solidarität mit den Unreinen dieser Welt, all denen, deren Haut ihnen Schwierigkeiten einträgt, fahren lassen. Andererseits, überlegte ich, meiner selbst bewusst, hing meine verstohlene Kraft, meine anhaltende Besonderheit nicht mit meiner Psoriasis zusammen? Könnte sie nicht das schreckliche äußere Merkmal sein für etwas in mir, das einer Auszeichnung wert war? Allein Psoriasis hatte aus einem sehr durchschnittlichen kleinen Jungen, einem Jungen obendrein, der das Durchschnittliche liebte, das Alltägliche, das sicher Verborgene, einen fruchtbaren, anpassungsfähigen, hinlänglich skrupellosen Schriftsteller machen können. Was war meine Kreativität, mein schonungsloses Bedürfnis zu produzieren denn sonst als eine Parodie der peinlichen Überproduktion meiner Haut?« Und Updike ergänzt, dass die Psoriasis nicht umsonst als die »Krankheit der Starken« bezeichnet werde. Mehr noch: »Andere Entstellte oder Behinderte belästigen mich, weil sie mich an mich selbst erinnern. Wie viel

Hartherzigkeit ist normal?« Doch auch gegen die wissenschaftliche Behandlung weiß sich Updikes Haut zu wehren, sie »bricht an den merkwürdigsten Stellen aus: auf den Füßen zum Beispiel und auf den Handrükken«. Daraus folgert er: »Für meinen Körper, der keine ästhetischen Kriterien kennt, ist die Psoriasis normal und ihre Unterdrückung unnormal. Psoriasis ist meine Gesundheit.« Die entmythologisierenden Praktiken der Dermatologie bewirken bei Updike jedoch eine Distanzierung, er fühlt sich nicht mehr schuldig und verantwortlich. Zwingend formuliert er eine heroische Akzeptanz der Hautkrankheit –, diese Illusion, die er selbst nicht hatte, schafft Updike zumindest für die Zeit der Lektüre.

Anlässlich einer Auslandsreise, erwähnt eine Zeitung Updikes Stottern. Er bemerkt dazu: »Ich bildete mir, trotz aller gegenteiligen Beweise, ein, dass es, ebenso wie meine beklagenswerte Haut, nicht auffalle, dass nur ich mir dessen bewusst sei.«
Updike führt seine »Sprachstörung« auf eine Begegnung mit einem Nachbarjungen zurück, der ihm den Übernamen »Vogel Strauß« gab. Er verbindet sein Stottern mit der Angst, missverstanden zu werden. »Wie meine Psoriasis ist auch dieses Gebrechen vielleicht nicht nur negativ. Es veranlasst mich, es mir zwei Mal zu überlegen, bevor ich auf Podien steige und mich in Hörsälen und bei Konferenzen sehen lasse – all dies gesellschaftlich anerkannte, geistig jedoch korrumpierbare öffentliche Reden, um das Schriftsteller, auch die nicht so bedeutenden, immer wieder gebeten werden. Von Natur entgegenkommend und begierig nach gesellschaftlicher Anerkennung, würde ich nie Nein sagen, wenn ich nicht Angst vor dem Stottern hätte.« Die Angst bringt Updike also in Zusammenhang mit Empfindsamkeit und Vorsicht und nicht mit Verzweiflung. Er betont ebenso die Vielfältigkeit der »Sprachhemmung« und nicht deren Stereotypie.
»Nein, nicht Konfrontation hemmt meinen Sprachfluss, sondern der Wunsch, ihr zu entgehen, das hastige Bedürfnis zu gefallen. Die Behinderung kommt inmitten von Menschen über mich, die ich mag und die ich so gern unterhalten möchte – vielleicht, um sie von irgendeinem fundamentalen Missverständnis abzulenken, das ich argwöhnisch sogar in einer herzlichen Beziehung wittere. Mein Stottern in der Unterhaltung ist wie das Eingeständnis, dass noch der harmloseste Wortwechsel von einem Verhau uneingestandener Komplexität umgeben ist.« Updike gesteht, dass er stottere, wenn er »im Unrecht« sei. Sein sprachliches »Verheddern« sei aber gleichzeitig eine »unausgesprochene Bitte um Verzeihung«.
Updike verweist auf einen theoretischen Ansatz, der besagt, dass es einige Fachleute gebe, die trotz großer Sachkenntnis, ihre Belange nicht flüssig vortragen könnten. Er schreibt dann: »Der Defekt entspringt dem Selbstbewusstsein, könnte man meinen – ein Versäumnis, die komplizierten

Muskelvorgänge beim Sprechen unbewusst stattfinden zu lassen. Zwischen den Gedanken und das Wort fällt ein spaltender Schatten; Stottern beweist, wie Selbstmord, Schlaflosigkeit und Stoizismus, die Dualität unseres Seins, die Fähigkeit des Körpers und der Seele, nein zueinander zu sagen. Und doch kann Selbstbewusstsein (das nichts gegen die Psoriasis vermag, sie aber zur Qual macht) in diesem Fall von Nutzen sein: wenn wir uns darauf konzentrieren, nicht zu stottern, stottern wir weniger. Mein Vater, großzügig mit Komplimenten, pflegte zu sagen, ich hätte zu viele Gedanken im Kopf und solle langsamer sprechen. Das half tatsächlich.« Updike erwähnt auch das bekannte sprachtherapeutische Prinzip, dass die Verschiebung der üblichen Stimmlage, Singen beispielsweise, »die Blockierung beseitigt; die gefesselte Zunge löst sich, entkommt in die Maskenfreiheit«. Er ist der Überzeugung, dass das Stottern mit dem keineswegs immer einfachen Atmen zu tun habe.

Als eine Art Resümee zitiere ich folgenden Abschnitt:

»Hatte mein schwerer dermatologischer Defekt zum Ausgleich eine defekte innere Glätte erzeugt, eine Undurchlässigkeit, wie Emerson sie meinte, als er sagte: ›Die innigsten Ereignisse sind Sommerregen und wir die Regenmäntel, von denen jeder Tropfen abperlt?‹ Der schonungslose, aufs Private bezogene Realismus meiner erzählenden Prosa setzte voraus, dass ich mich selber ausnahm von normaler zwischenmenschlicher Höflichkeit, und meine eigenen Behinderungen hatten meine Toleranz denen der anderen gegenüber unter das Normalmaß sinken lassen: habe ich es, zum Beispiel, mit einem Stotterer zu tun, frage ich mich, warum er nicht einfach den Mund hält.«

Anmerkung

Die nacherzählten Abschnitte stammen aus John Updikes Buch »Selbst-Bewusstsein«, Rowohlt Verlag Reinbek bei Hamburg 1990. Der Kulturredakteur heißt Volker Hage, seine Beschreibung Updikes findet sich in seinem Buch: »Alles erfunden – Porträts deutscher und amerikanischer Autoren«, dtv München 1995.

24

Der körperbehinderte Kosmologe

Stephen W. Hawkings komplexes Buch »Eine kurze Geschichte der Zeit« ist zum Bestseller geworden. Hawking, Astrophysiker, sagte in einem Interview: »Wahrscheinlich hat meine Behinderung zum Verkaufserfolg beigetragen.« Wie ist das möglich? frage ich mich, wenn man gleichzeitig bemerkt, dass Behinderung negativ besetzt ist. Mein Verdacht: Der Zusammenhang von Bestseller und Behinderung stellt eine heimliche oder höhere Form der normalen Verachtung dar.
Hawking fügte seinem Satz hinzu: »Wenn dem so ist, finde ich das bedauerlich.« An den Besprechungen seines Buches und an der Aufnahme und der Beschreibung des behinderten Autors lässt sich dieser Zustand feststellen, aber auch erklären. Mich interessieren die Brüche in diesen Darstellungen. Konkret: wie im Lob unterschwellig Ablehnung transportiert wird, wie im Hervorheben ein Abreagieren negativer Emotionen möglich ist. Meine andere Behauptung: Hawkings Sache wird wegen der behinderten Person nicht ernst genommen und die Person wegen der astronomischen Sache nicht; die Sache gilt als zu spekulativ, die Person ist scheinbar nur suggestiv vorhanden. Man verfährt – teilweise sogar Hawking selbst – nach der so genannten »Irrelevanzregel«, nämlich so zu tun, als ob kein Eigenwert vorliege.

Es geht um die Vorstellungen des so genannten gesunden Menschenverstandes. Wie äußert er sich? Das Magazin der »Zeit« etwa beschreibt Hawking 1988 als »etwas, das so aussieht wie ein hastig zur Seite geworfenes Kleiderbündel, das durch Zufall die ungefähre Form eines Menschen angenommen hat«. Diese verdinglichende Schilderung wird sogleich aufgehoben, indem Hawkings berufliche Leistungen in den Himmel gelobt werden. Er sei »der Mann, der am ehesten in der Lage sein dürfte, innerhalb der nächsten Jahre eine Erklärung für die Geschichte des Universums zu finden«. Der nächste Satz schockiert gleichwohl wieder: »Falls er überhaupt noch so lange lebt.«
Das kann eine »Euthanasie«-Fantasie genannt werden. Übrigens wurde dem 1942 geborenen Hawking schon 1963, beim Beginn seiner Krankheit (ALS – Amyotrophe Lateralsklerose, eine als unheilbar geltende

Erkrankung der Nervenzellen, die im Rückenmark und Gehirn die Muskelbewegungen steuern) prophezeit, dass er nur noch kurze Zeit leben werde. Der Artikel des »Zeitmagazins« schließt: »In diesem Sinn ist Hawking vielleicht noch mehr Mensch als wir alle. Sein Körper ist so elend und nutzlos, wie man es sich nur vorstellen kann, doch sein Geist zieht freier durch das Universum als jeder andere.«

»Der Spiegel« charakterisiert Hawking ebenfalls 1988 zunächst als »Genie« – doch die Verdinglichung folgt sogleich: Hawking sitze »da in seinem Rollstuhl, gleich einer Marionettenfigur, die der Fadenführung entglitten ist. Der schmale Körper mutet an wie hineingeborgt in das weite Jackett, aus dessen Ärmeln die abgemagerten Hände hervorragen wie eine Sammlung vorsichtig arrangierter Knochen. Aus dem linken Lippenwinkel rinnt Speichel die Wange hinab, der Mund ist stumm und atemlos ...« Zur »Aufhebung« dieser unbarmherzigen Beschreibung bevorzugt »Der Spiegel« eine ausgesprochene Normalitäts-Fantasie: »Doch seltsam: Dieser Mensch, für den jeder gesunde Schritt eine Gnade wäre und eine Herrlichkeit, dieser Mensch strahlt eine Demut aus und eine Würde, die dem Gegenüber die anfängliche Beklommenheit einfach fortnimmt und ihm seine Unbefangenheit zurückgibt.«

»Der Spiegel« berichtet zudem, dass »die Bravour, mit der Hawking sein persönliches Schicksal bewältige ... noch eindrucksvoller« sei als seine wissenschaftliche Leistung. Gerade dadurch erinnert man sich kaum mehr, wie Hawking eben noch als »Gestalt«, als »Marionette«, als »Kleiderbündel« beschrieben wurde. Durch den Blick in den Spiegel der Normalität fällt die Entmenschlichung nicht mehr auf. Die Doppelmoral – eine Immunisierung der Normalität, eine Abwehr anderer Haltungen als die normalerweise zugelassenen – besteht darin, sich als Ideal vorzugeben und doch so zu tun, als ob man selbst nur mittelmäßig, eben nicht genial, sei.

Die »Süddeutsche Zeitung« beschreibt Hawking 1993 aufgrund eines Dokumentarfilms als »tragisches, in sich zusammengesunkenes Häuflein Fleisch mit dem Superhirn«. Mit solchen belasteten Schlagworten wird offensichtlich: Der behinderte Körper wird vom genialen Kopf getrennt. Mit anderen Worten: Die Behinderung wird also im »Geist«, in der normalisierenden Vorstellung, verdammt. Braucht der so genannte gesunde Menschenverstand vordergründig behinderte Menschen als Helden, als erfolgreiche Autoren (oder Paralympicsportler), um mit diesen in Szene gesetzten Persönlichkeiten alle anderen Menschen mit Behinderungen umso krasser und zugleich vermeintlich unscheinbarer auszugrenzen und um seine dunklen Normen durchzusetzen?

Hawkings Buch lässt sich nur noch lesen unter dem von den Medien erzeugten Eindruck, dass es eine behinderte Persönlichkeit ist, die es geschrieben hat, auch wenn dies nichts mit dem Thema, das Hawking abhandelt, zu tun hat. Offenbar nimmt man ihn als Beispiel, um den sonst

bezweifelten Zusammenhang von Werk und Autor zu demonstrieren. Diesen Zusammenhang gibt es hier nur, weil man vielleicht spürt, dass die vorherige Aufspaltung von Körper und Kopf unhaltbar ist.

Zur Lektüre und zu Hawkings »Suche nach der Urkraft des Universums«. Hawking beginnt mit einem Abriss der Weltbilder von Aristoteles bis Kant. Er begrenzt die heutigen wissenschaftlichen Theorien in deren Vorstellungsvermögen und weitet doch deren Ziel aus, das in einer totalen Erfassung unserer universalen Wirklichkeit bestehen soll. Illusionslos bemerkt er: »Unsere wissenschaftlichen Entdeckungen könnten uns vernichten, und selbst wenn sie es nicht tun, so wird eine vollständige einheitliche Theorie unsere Überlebenschancen nicht wesentlich verbessern.«
Hawking berichtet über die Experimente Galileis, die Newton'schen Gesetze und die revolutionären Relativitätsgedanken Einsteins. »Eine einzige, absolute Zeit gibt es in der Relativitätstheorie nicht. Nach ihr hat jedes Individuum sein eigenes Zeitmaß, das davon abhängt, wo es sich befindet und wie es sich bewegt.«
Über eine erste Auseinandersetzung mit dem Urknall-Modell und der Unschärferelation kommt Hawking zu seiner Spezialität: den Schwarzen Löchern. »Doch wie soll man jemals ein schwarzes Loch entdecken, wo es doch per definitionem kein Licht aussendet? Es ist, als suche man eine schwarze Katze in einem Kohlenkeller. Glücklicherweise gibt es doch eine Möglichkeit.«
Ich gebe zu, einige Seiten locker überlesen zu haben, jedoch gelingt es Hawking und seiner Art zu schreiben, immer erneut, echt und listig anzuregen. »Eines Abends im November jenes Jahres (1970), kurz nach

der Geburt meiner Tochter Lucy, dachte ich über schwarze Löcher nach, während ich zu Bett ging. Meine Körperbehinderung macht diese alltägliche Handlung zu einem ziemlich langwierigen Prozess, sodass mir viel Zeit für meine Überlegung blieb.« Zunächst habe ich gestockt und mich gefragt, ob Hawking hier den Begriff Zeit bewusst eingesetzt hat, aber wesentlicher wurde gleich: »Schwarze Löcher sind gar nicht schwarz«, das heißt sie strahlen. Auch wenn Hawking einer optimistischen Vorstellung einer »Großen Vereinheitlichenden Theorie«, der bisher nicht geglückten Synthese von Relativitätstheorie und Quantenmechanik, anhängt, deren Nachvollzug ich niemals werde überprüfen können, gibt es in seinem Buch viele kleine Stellen, die unmittelbar einleuchten und überzeugen sowie etwas von der Komplexität der Materie, des Universums und der Kosmologie, tatsächlich verständlich machen.
Vermeintlich ironisch erklärte man Hawkings Ansatz zur »Micky-Maus-Kosmologie«. Einen Rezensenten der Biografie über Hawking erstaunte, dass sich dessen »wissenschaftliche Begabung erst beim Ausbruch der Krankheit offenbarte«, genauso wie er vorgab zu wissen, dass dies »auf einen extremen Kompensationseffekt hindeutet«.
»die tageszeitung« urteilte folgendermaßen: »Ein ›normaler‹ Wissenschaftler, der solches (das heißt die bevorstehende ›Große Vereinheitlichende Theorie‹) ankündigt, liefe Gefahr, als donquichottischer Spinner oder hoffnungsloser Optimist verschrien zu werden, dem entkörperten Superhirn aber traut man die übermenschliche Leistung, dem Plan Gottes die entscheidende Formel abzuluchsen, offenbar zu.« Auch diese im Ansatz kritisch gedachte Formulierung, bezogen auf die Sache und die normale Wissenschaftspraxis, enthält die abwertende Projektion auf die behinderte Person.
»Doch als Ware transportiert zu werden, schien Hawking denn doch eine Zumutung zu sein«, erzählt die »Schweizer Illustrierte« über einen Aufenthalt Hawkings in einem Berner Hotel, dessen Personenlifte für den Rollstuhl zu eng waren.

Wer würde sich solche Personenbeschreibungen, wie sie über den Autor Hawking kursieren, gefallen lassen? Im Zusammenhang mit dem Lob seiner »Entdeckungen« bedeuten sie, dass Geringschätzung durch Idealisierung verdeckt werden kann.
1995 heiratet Hawking seine Pflegerin, die einst seine erste Frau, von der er sich 1994 scheiden ließ, engagierte. Hawkings erste Frau hat 1999 ihre Version der Beziehung veröffentlicht, in einer Rezension hieß es, der Text sei ein »Dokument der Vernichtung«. In manchen Zeitungsmeldungen wurde betont, »wegen seiner Erfolge« sei Hawking »für viele Körperbehinderte zu einer Symbolfigur« geworden. Hawking selbst hat diese Rolle nur zwiespältig und zögernd angenommen. Er ärgerte sich über die Vermarktungsstrategien, zum Beispiel über den US-amerikanischen

Schutzumschlag seines Buches, der ihn im Rollstuhl vor einem Sternenhimmel zeigte.

Anmerkung

Stephen W. Hawkings Buch »Eine kurze Geschichte der Zeit« ist im Rowohlt-Verlag Reinbek bei Hamburg 1988 erschienen, ebenda auch die Biografie über ihn von Michael White und John Gribbin 1994. Die »Irrelevanzregel« ist ausgeführt in Aiga Seywald: »Körperliche Behinderung«. Campus-Verlag Frankfurt a.M. 1977.

25

Der Publizist, dessen Behindertsein (k)ein Programm war

Sein Gesichtsausdruck, umrahmt von unten vom lockigen Bart und an der Seite von seinen langen dünnen Haaren, wirkt locker und gespannt zugleich. Als ob er abwarte, was die potenzielle Provokation einbringe, – oder als ob er abwarte, was er gleich hinzufügen könnte. Die Augenbrauen ein wenig angehoben, die Stirn unter der Glatze deshalb in Falten, die Augen groß und direkt gerichtet, den Mund leicht geöffnet mit einem Schmunzeln, – dies alles wird unterstützt durch die Körperhaltung. Die Oberarme liegen in fast waagrechter Weise auf den Gehhilfen auf, die Unterarme hängen entspannt nach unten. Seine linke Hand rückt so ins Bildzentrum, in der rechten hält er vermutlich sein Feuerzeug versteckt, denn links in der Ecke des Fotos liegt die unumgängliche Zigarettenschachtel. »Zu exotisch«, hätte Franz Christoph zu meinem Versuch einer einleitenden Bildbeschreibung bestimmt bemerkt.
Doch Franz Christoph argumentierte nicht nur in seinen Schriften fast ausschließlich, prägnant und oft schonungslos gegen sich und auch gegen andere, mit seinem Leben. Darauf aber lässt sich die Bedeutung seines eingreifenden Denkens nicht reduzieren. Die Lebensdaten dienen der Darstellung der Person, gleichzeitig umfassen sie exemplarisch, dass es beim Behindertsein nicht allein um ein individuelles Schicksal geht (das Franz Christoph, wie er es pointierte, als Beruf wählte), sondern genauso um sozialpolitisch sich äußernde Mechanismen der Macht und Benachteiligung.

Franz Christoph wurde am 2. Juli 1953 in Furth im Wald geboren. Mit einem Jahr erkrankte er an Kinderlähmung. Das rechte Bein blieb kürzer und gelähmt, das Becken schief, dies trug ihm dann in der Schule den Spottnamen »schiefer Turm von Pisa« ein. Mit vier Jahren bekam er bei einem Krankenhausaufenthalt eine Prothese aus Metall und Leder angepasst, die vom rechten Bein bis zum Brustkorb reichte. Er konnte vor Schmerzen nicht schlafen. Dazu schrieb er später: »Aus pflegerischer Ignoranz heraus verweigerte man mir über einen Zeitraum von sechs Wochen – obwohl medizinisch notwendig – das abendliche Ablegen des Folterapparates. Die Folge davon war ein peinigender Hautausschlag,

der schon am ganzen Körper zu eitern begann ...«
Franz Christoph wurde in eine normale Grundschule eingeschult, von den Klassenkameraden mehr oder minder akzeptiert, aber die Lehrer sahen eine angemessene Förderung nur in der Sonderschule gewährleistet. Mehrere Krankenhausaufenthalte fielen in diese Zeit. Mit acht Jahren kam er in die Münchner Landesanstalt für körperbehinderte Jugendliche. Mit vierzehn brach er aus. Er bewegte sich auf dem linken Bein mit zwei Gehhilfen vorwärts. Die Polizei brachte ihn zurück, aber er wurde vom Heim verwiesen. Franz Christoph: »Mein Vater betrachtete mein Nachhausekommen als Scheitern und schämte sich für seinen lebenstüchtigen Sohn.« Die Mutter fand für ihn eine Lehrstelle als Industriekaufmann. Sein Vater fuhr ihn allerdings täglich zur Arbeitsstelle und erhielt in der Kleinstadt Anerkennung dafür. Als Sechzehnjähriger verweigerte er die Einwilligung in eine Rückenoperation, er sieht sich als »Versuchskaninchen« für neue Operationstechniken missbraucht. Und – sein Rückenleiden heilte ohne Eingriff.
Nach Abschluss der Ausbildung ging er zuerst nach Regensburg, er wechselte oft den Arbeitsplatz, dann arbeitete er bei der Firma MAN in Nürnberg. Ein »emotionales Bedürfnis nach politischer Artikulation«, wie er selbst sagte, erwachte. Nach anfänglichen Kontakten zur heimatlichen konservativen Partei, um in seiner jugendlichen Freizeit nicht zu Hause sitzen zu müssen, kam er mit der Gegenpartei in Kontakt, den K-Gruppen. Mit seiner Behinderung fiel er bei Demonstrationen auf, fühlte sich aber auch zum »Demonstrationskrüppel« herabgewürdigt. Die Polizei wollte ihn als Informanten werben, die Genossen glaubten ihn als angeblichen Spitzel enttarnen und verprügeln zu müssen. Die Firma MAN ent-

ließ ihn, er verlor sein Zimmer. Er tauchte für fast ein Jahr in Frankreich unter.

Um 1976 arbeitete er in Berlin beim »Arbeitskreis für aktive Behindertenhilfe« mit. In der Folge kam es zur Konfrontation mit den »Behindertenexperten«. Franz Christoph legte sich mit den Behindertenpädagogen an, er trat an wissenschaftlichen Tagungen auf und stritt sich mit den Professoren um den »Behindertenstandpunkt«, wobei er Behinderung definierte und gleichsetzte mit der »Unterdrückung von Behinderten durch Nichtbehinderte auf Grundlage gesellschaftlicher Wertvorstellungen«. Es ging ihm um die Aufmerksamkeit gegenüber der »Eigenkompetenz der Behinderten«.
In Bremen, im Frühjahr 1979, zählte Franz Christoph zu den Mitbegründern der ersten »Krüppelgruppe«, im Juni erschien die erste »Krüppelzeitung« (»Zeitung von Krüppeln für Krüppel«). Der Begriff »Behinderter« lehnte er nun kategorisch ab, die Aneignung der diskriminierenden Bezeichnung »Krüppel« verdeutliche das Selbstvertretungsrecht und Selbstbewusstsein – später, in den Neunzigerjahren, sah er diese positive Umdeutung als missglückt an, die Provokation sei zwar vereinnahmt, aber nicht für sinnvoll genommen worden. Andererseits schrieb er: »Krüppeldenken muss Vorrang vor Krüppelgruppen haben.« Dies könnte als Devise eines Einzelkämpfers gedeutet werden. Sein Überdenken von Aktionen und Revidieren von Positionen waren auch in den eigenen Reihen der Behindertenbewegung oft umstritten und lösten einige Kontroversen aus.
Ende 1979 stellte Franz Christoph einen Asylantrag in Holland. In der Schlussbemerkung seiner Begründung heißt es: »Ich habe hier relativ viel von mir persönlich niedergeschrieben, erstens aus der Notwendigkeit heraus, meinen Asylantrag an die holländischen Behörden zu begründen, und zweitens sehe ich meine eigene Lebensgeschichte zum großen Teil als exemplarisch an für die allgemeine Unterdrückung von uns Behinderten. Ich erachte es für notwendig, persönliche Unterdrückung aufzuzeigen, sie aufgrund unserer eigenen Lebensrealität und einer Logik, die sich aus dem Behindertenstandpunkt heraus ergibt, zu analysieren. Ich würde es als fatal empfinden, wenn wir Behindertenfachleuten nur unsere Biografien liefern würden, wo sie dann die Möglichkeit hätten, das ihnen Bequemste hinein zu interpretieren.« Durch seinen Asylantrag kam Franz Christoph in die zwiespältige Verlegenheit, die Experten, die er ebenso wie die allgemeine Geringschätzung zum Unterdrückungsapparat zählte, um eine positive Stellungnahme anzufragen. Hohe Stellen im holländischen Innenministerium befassten sich mit dem Asylantrag und lehnten ihn schließlich ab, erteilten aber eine Aufenthaltserlaubnis.

Im wörtlichen Sinn schlagartig bekannt wurde Franz Christoph einer breiten Öffentlichkeit, als er bei der Eröffnungsveranstaltung zum »Internationalen Jahr der Behinderten« am 18. Juni 1981 in Düsseldorf den damaligen Bundespräsidenten Karl Carstens mit seiner Krücke ans Schienbein schlug. »Bild« berichtete tags darauf auf der Titelseite, deren Darstellung enthielt unfreiwillig den Widerspruch, auf den Franz Christoph aufmerksam machen wollte: »Der Widerstand der Behinderten wird nicht ernst genommen« – »Der Bundespräsident verzichtete auf eine Anzeige«. Seine Aktion kommentierte Franz Christoph in seinem ersten Buch »Krüppelschläge – Gegen die Gewalt der Menschlichkeit«. Das Buch enthält noch weitere Erlebnisberichte zur gängigen Gedankenlosigkeit, Verlogenheit und Selbsttäuschung im Umgang von nichtbehinderten mit behinderten Menschen. In einer Kurzrezension hieß es zudem zu Recht: »Aber Christoph geht, überraschend, ebenso mit den falschen linken Freunden ins Gericht: mit den progressiven ›Menschlichkeitsfans‹, die den Krüppel in der Umarmung erdrücken. Gerade in diesem Punkt scheinen ihm erste Reaktionen Recht zu geben: In der Besprechung der ›Frankfurter Rundschau‹ wurde Autor Christoph, als sei er ein Schoßhund der Gesunden, liebevoll einfach ›Franz‹ genannt.« Ich erinnere mich an folgende Situation bei einer Tagung. Jemand stellte sich Franz Christoph mit dem Nachnamen vor. Er antwortete kurz: »Christoph«. Der Gesprächspartner wechselte zum Du über, in der Annahme den Vornamen genannt bekommen zu haben. Darauf bemerkte Franz Christoph trocken: »Das ist typisch, Behinderte werden immer gleich geduzt und als Kinder behandelt und verniedlicht, wie ja auch in der ›Aktion Sorgenkind‹, die zudem die Spielleidenschaft Normaler in eine Wohltat umdeutet.« Franz Christophs Humor transportierte oft den Hintersinn der Verunsicherung.

In den Achtzigerjahren war Franz Christoph meist unterwegs. In vielen Städten der Bundesrepublik – von Heidelberg, Frankfurt a. M., Bonn, Vechta, Bremen, Himmelpforten, Hamburg bis Berlin – wohnte er jeweils für ein paar Tage oder Wochen bei Freunden und reiste dann weiter, er hatte meines Wissens keinen festen Wohnsitz.

1986 demonstrierte er in Bonn, »wie Behinderte im Widerstand gegen die Atomenergie missbraucht und entwürdigt werden«, er nahm bestimmte Texte zum Anlass, die im Zusammenhang des Atomreaktorunfalls von Tschernobyl unter dem Motto »Behindertsein ist schlimmer als der Strahlentod« erschienen waren. »Es gibt Entsetzlicheres als den Strahlentod: nämlich mich.« Dieser Titel, den Franz Christoph bei seiner Aktion als Schild auf der Brust trug, irritierte viele Nichtbehinderte, sie fragten, ob die »Milch« wirklich schon so verseucht sei. Franz Christoph kommentierte: »Sie wollten die Konsequenz der Verachtung nicht wahrnehmen und flüchteten sich gedanklich in das Problem der überhöhten Radioaktivität der Milch. Den nicht vorhandenen Buchstaben ›l‹ hatte das Unterbewusstsein hinzufügt.« Im Mai 1987 folgte eine Aktion beim Nachrichtenmagazin »Der Spiegel«, das Pappschild trug das Zitat: »Die häufigste gerade noch mit dem Leben zu vereinbarende Missbildung.« In der Presseerklärung stand unter anderem der Satz: »Es ist legitim, auf eventuelle Spätschäden, verursacht durch den Super-GAU aufmerksam zu machen. Auf keinen Fall kann aber akzeptiert werden, dass auch nur eine einzige Behinderungsart an den Rand des ›Lebensunwerten‹ herangeschrieben wird.«

Nicht nur durch seinen »Spiegel«-Artikel – »(K)ein Diskurs über ›lebensunwertes Leben‹!« vom 5. Juni 1989 – spielte Franz Christoph eine wesentliche Rolle in der Anti-»Euthanasie«-Bewegung. Die Diskussion um neue Formen der »Euthanasie« und Sterbehilfe, im Rahmen biotechnologischer Möglichkeiten und ökonomischer Ressourcen, entbrannte vor allem durch die (dann zurückgenommene) Einladung des australischen Bioethikers Peter Singer ausgerechnet durch die »Bundesvereinigung Lebenshilfe für geistig Behinderte«, dem Selbsthilfeverband von Eltern geistig behinderter Kindern. In seinem Buch »Tödlicher Zeitgeist – Notwehr gegen Euthanasie« kommentierte er 1990 seine Aktion gegen die Wochenzeitung »Die Zeit«. Er kettete sich am Rollstuhl an den Eingang der Redaktion und protestierte so gegen die Propagierung der Singerschen Thesen. Zu dieser Zeit war er stark abgemagert, hinterließ oftmals einen geschwächten Eindruck, sodass er selbst einen Rollstuhl bevorzugte. Über einige Monate trug er auch keinen Bart wie sonst. In seinem zweiten Buch setzte er sich aber auch allgemein mit der Abwertung des nicht gesunden menschlichen Lebens auseinander, dessen Umfeld seiner Ansicht nach bis in die Frauen-, Friedens- und Ökologiebewegung hineinreicht. Ebenfalls 1990 publizierten wir zusammen das Buch »Der Gesundheits-Fetisch«. Die Grundlage für unser Buch war, dass jeder aus seiner Perspektive schrieb, aber dann meinten wir doch die Standpunkte nicht mit den Namen entschlüsseln zu müssen. Bei einer Veranstaltung entstand auch die Idee, nach der gründlichen Einführung und Betonung der unterschiedlichen Positionen, die Texte – als zusätzliche Irritation – zu vertauschen. Er las meinen, ich seinen vor.

Franz Christoph hatte etwas Eulenspiegelhaftes, er war mutig, nicht dogmatisch und – schlagfertig, nicht umsonst war er Gast in mehreren Talkshows. Als der Leiter des Rowohlt-Verlages bei einer Protestaktion auf der Buchmesse 1992 eine geplante Veröffentlichung damit verteidigte, man müsse Singer schon richtig zitieren, antwortete Franz Christoph: »Das kennen wir, jetzt wird noch unterstellt, Behinderte könnten nicht lesen.«

1993 gab Franz Christoph zusammen mit Horst Illiger den Sammelband »Notwehr gegen die neue Euthanasie« heraus. Hieß ein Aufsatztitel 1990 noch »Ich werde nicht mehr mitsingern«, so schrieb Franz Christoph drei Jahre später: »Nein, wir sollten uns nicht mehr freiwillig aus der hochkochenden Euthanasie-Debatte verabschieden.« Er wollte in einer Sat.1-Sendung mit und gegen Singer auftreten. Die Sendung kam nicht zu Stan-

de. In einem anderen Artikel stellte er apodiktisch fest, dass der Widerstand gegen die »Euthanasie«-Debatte gescheitert sei, und dass man es, »obwohl es unzumutbar scheint, durch Diskussion versuchen« müsse. Die Reaktionen aus den eigenen Reihen waren heftig und ablehnend, man titelte: »Abschied vom Übervater«. Seine wiederholten Widersprüche und Kehrtwendungen wurden nachgezeichnet. Franz Christoph selbst reagierte auf diese Auseinandersetzung, die er herausforderte, brüsk, nachtragend, zurückweisend und – so mein Eindruck – er entzog sich. Hatte er sich mit diesem Vorstoß selbst ins Abseits gestellt? Die Schwierigkeit bestand darin, dass er das Mitdenken nicht erwarten oder einfordern konnte, da er es selbst sonst in der Regel verweigerte.
Nach einem längeren Aufenthalt in Hamburg, kehrte er Anfang der Neunzigerjahre nach Berlin zurück, obwohl er nicht vorhatte, dort zu bleiben. Doch 1991 änderte ein dreivierteljähriger Krankenhausaufenthalt sein Leben, im Zusammenhang einer Operation eines Abszesses, stellte man seine Zuckerkrankheit fest. Er war in der Folge auf regelmäßige Insulinspritzen angewiesen. Seine Lebenskraft ließ nach, er fühlte sich müde, aber nicht lebensmüde, wie er in persönlichen Aufzeichnungen betonte. Es war die eigenartige Müdigkeit, von der auch andere Zuckerkranke berichten und die nicht oder nur schwer beschrieben werden kann. Franz Christoph bezog eine Zweizimmerwohnung. Er genoss die eigene Wohnung und auch – allein zu leben.
Zur Bundestagswahl 1994 trat er auf der Offenen Liste der PDS als Spitzenkandidat in Rheinland-Pfalz an. Das Wahlkampfplakat trug die ironische Parole »Gerechtigkeit auf Rädern«, die Rollstuhlräder waren dann aber kaum zu entdecken und bestätigten wieder mal Franz Christophs »Misstrauen gegen die Nichtbehinderten«. Er erklärte allerdings: »Behindertsein ist allein kein Programm« und bemerkte, dass er Kritik an ihm »keineswegs vorschnell als Behindertenfeindlichkeit« auslegen würde. Warum engagierte er sich für die Selbstbestimmte Behindertenpolitik der PDS? Ich weiß, die Frage könnte nach dem Klischee klingen, das diese Partei selbst pflegt, nämlich dass alle ihre Anhänger Benachteiligte im vereinigten Deutschland seien. Man war sicher überrascht über Franz Christophs Medienwirksamkeit – entsprechend wurde er in Szene gesetzt und brachte sich selbst ein. Zuletzt bereitete Franz Christoph offenbar ein satirisches Buch mit dem Titel »Mein Hund ist Epileptiker« vor. Die sarkastische Pointe dabei: Er hasste Hunde und zählte zu den schärfsten Kritikern des (un-)bewussten behindertenfeindlichen Sprachgebrauchs. Die kurz vor seinem plötzlichen Tod geplante Publikation, von der bisher keine Manuskriptseiten oder Notizen aufzufinden sind, wurde im Frühjahrsprogramm 1997 der »edition ost« Berlin unter dem Titel »Hilfe, mein Rollstuhl wackelt« angekündigt.

Zirka die letzten zehn Jahre erzählte Franz Christoph vielen Freundinnen

und Freunden von einem Roman, nur wenige scheinen etwas Schriftliches zu Gesicht bekommen, geschweige denn gelesen zu haben. Doch er arbeitete und schrieb seit Mitte der Achtzigerjahre – die Idee ging weiter zurück – kontinuierlich an dem umfangreichen Manuskript, dem 1998 aus dem Nachlass veröffentlichten Roman: »Ich bin (k)ein Felix.« Ein erster Arbeitstitel hieß: »Auch Retorten sind Menschen.« Die Erzählung spielt laut Geburtsdatum seines Helden im 21. Jahrhundert, aber sein Thema ist eigentlich nicht Sciencefiction, sondern alltägliche Diskriminierung. Wichtige Motive sind die Lüge, die Angst, die Aggressivität, der Stolz und das Nichternstnehmen einer Person oder Sache. Die moralische Dimension des Romans ist aktuell, denkt man an die Diskussion über das Klonen oder das Klonverbot von Menschen.
Felix, der Protagonist des Romans, wird als Kind von seinen Eltern bei der Firma »Kinderglück« bestellt und gekauft. Sein Vorname bedeutet bekanntlich »der Glückliche«. Doch alles kommt anders. Felix, der künstlich hergestellte Junge, wird von den natürlichen verspottet, gedemütigt und bloßgestellt – zu Hause, im Heim, bei der Arbeit. Seine Geschichte, von seiner »Geburt« bis zu seiner Selbstständigkeit, ist zweifellos auch symbolisch gedacht, was ihm geschieht, erleben viele Außenseiter. Mitten im Roman folgt der Satz: »Seine Perspektive hieß nun Provokation.« Felix setzt sich zur Wehr.
Es gilt Franz Christoph als Erzähler zu entdecken, seine Schlagfertigkeit in den literarischen Dialogen wiederzuerleben, an seinem Humor und seinem unumwundenen, lakonischen Stil Gefallen zu finden. Er schrieb den Roman, wie er sprach, – ich vermute in einer Art inneren Szenerie von Personen und Situationen zu seinem Selbst.
Franz Christophs eigener Lebenslauf bildet den Hintergrund für diesen Entwicklungsroman eines Retortenmenschen. Aber seine Skepsis gegenüber dem autobiografischen Schreiben gerade von Menschen mit einer Behinderung äußerte er in einer Aufzeichnung 1991 wie folgt: »Der bewusste Umgang mit der Biografie eines Krüppels ist gefährlich. Sehr oft wird er von Nichtbehinderten als Interpretationsgrundlage für ihre ureigensten Interessen benutzt. Etwa zur Lösung der kulturellen Standardfrage, wie denn richtig mit Behinderten umzugehen sei.«

Franz Christoph hat seine Behinderung nicht verborgen, er hat mit ihr, nein besser, mit seiner Person und allgemeinem Anspruch argumentiert. Als streitbarem Publizisten kommt ihm das Verdienst zu, polemisch und manchmal parodistisch einige Kontroversen angestoßen zu haben. Provokation zählte zu einem von Franz Christophs Lebenselixier. Nach Aktionen telefonierte er mit Gott und der Welt (entsprechend hoch war die Rechnung), nicht nur um Reaktionen zu sammeln, sondern auch um weitere auszulösen und die Eigendynamik anzuregen.
Franz Christoph starb am 28. Dezember 1996 in Berlin, vermutlich an

einem Zuckerschock oder Herzstillstand. Er wurde auf dem Friedhof Jerusalems- und Neue Kirchengemeinde III, Mehringdamm 21, beigesetzt.

Anmerkung

Ich benutzte hauptsächlich folgende Texte und Bücher Franz Christophs: »Unterdrückung Behinderter durch Nichtbehinderte«, in: Behindertenpädagogik 4/1979, S. 344ff. »Krüppelschläge – Gegen die Gewalt der Menschlichkeit«, rororo-aktuell Reinbek bei Hamburg 1983. »Tödlicher Zeitgeist – Notwehr gegen Euthanasie«, Verlag Kiepenheuer & Witsch Köln 1990. »Der Gesundheits-Fetisch« (zusammen mit Christian Mürner), Asanger Verlag Heidelberg 1990. Sowie Franz Christoph: »Ich bin (k)ein Felix«, autobiografischer Roman, aus dem Nachlass herausgegeben von Christian Mürner, Verlag am Park Berlin 1998.

Bildnachweis

Seite 19
Claudius: aus Robert von Ranke Graves: Ich Claudius, Kaiser und Gott, Paul List Verlag München 1990, Titelbild des Schutzumschlages (ohne weitere Angaben)

Seite 29
Paracelsus: aus Frank Geerk: Paracelsus – Arzt unserer Zeit, Benziger Verlag Zürich 1992, nach S. 56: Bildnis Paracelsus', Augustin Hirschvogel zugeschrieben 1538

Seite 33
Moses Mendelssohn: aus Michael Albrecht: Moses Mendelssohn, Acta Humaniora Weinheim 1986 (Ausstellungskatalog der Herzog-August-Bibliothek Wolfenbüttel), S. 115: Physiognomischer Almanach für das Jahr 1792 (Hrsg. Christoph Girtanner) Berlin 1791: Johann Friedrich Unger. Niedersächsische Staats- und Universitätsbibliothek

Seite 39
Georg Christoph Lichtenberg: aus Horst Gravenkamp: Geschichte eines elenden Körpers, Lichtenberg als Patient, Lichtenberg-Studien Band II, Wallstein Verlag Göttingen 1989. S. 21: In Privatbesitz

Seite 45
Louise von Göchhausen: aus Frietz Kühnlenz: Weimarer Porträts, Greifenverlag Rudolstadt 1993, S. 49, Bleistiftzeichnung von Goethe (ohne weitere Angaben)

Seite 49
Gottfried Mind: aus M. Kirmsse: Die Entwicklung der Schwachsinnigenfürsorge Deutschlands mit Berücksichtigung der übrigen Länder, in Zeitschrift für die Behandlung Schwachsinniger, XXXIII. Jg., 1913, S. 126

Seite 59
Lord Byron: © dpa/ZB Fotoagentur Zentralbild GmbH, Reinhardtstraße 23, 10117 Berlin

Seite 65
Adolph Menzel: aus Gisold Lammel: Adolph Menzel, Schriften und Aufzeichnungen, LIT Verlag Münster 1995, S. 155: kein weiterer Bildnachweis

Seite 69
Heinrich Schliemann: aus Philipp Vandenberg: Der Schatz des Priamos, Gustav Lübbe Verlag Bergisch Gladbach 1995; nach S. 128: Bildarchiv Preußischer Kulturbesitz Berlin

Seite 75 und Seite 77
Margarete Steiff: aus Wolfgang Heger: Das Tor zur Kindheit, herausgegeben vom Arbeitskreis für Stadtgeschichte, Giengen an der Brenz, 1997, S. 71 und S. 133: © Margarete Steiff GmbH Giengen

Seite 81
Thomas Alva Edison: aus M. Josephson: Thomas Alva Edison, Kreißelmeier Verlag Icking und München 1969, S. 463; Edison vor seinem Platten-Fonografen von 1921

Seite 87
Wilhelm II: aus John C. G. Röhl: Wilhelm II., C.H.Beck Verlag München 1993, S. 65: © Hessische Hausstiftung, Schloß Fasanerie, 36124 Eichenzell

Seite 91
Toulouse-Lautrec: in verschiedenen Büchern mit unterschiedlicher Quellenangabe: Museum Toulouse-Lautrec, Albi oder Nationalmuseum, Paris

Seite 97
Rosa Luxemburg: aus Elizabieta Ettinger: Rosa Luxemburg, Verlag J.H.W. Dietz Nachf. Bonn 1990, nach S. 192

Seite 103
Franklin D. Roosevelt: © dpa/ZB Fotoagentur Zentralbild GmbH, Reinhardtstraße 23, 10117 Berlin

Seite 110
Paul Wittgenstein: aus Deutsche Brüder, Rowohlt Verlag Reinbek bei Hamburg 1994, S. 314 (Wittgenstein Archiv, Cambridge)

Seite 115
Jorge Luis Borges: © dpa/ZB Fotoagentur Zentralbild GmbH, Reinhardtstraße 23, 10117 Berlin

Seite 125
Frida Kahlo: aus Hayden Herrera: Frida Kahlo. Ein leidenschaftliches Leben, © Scherz Verlag, Bern, Berlin, München, Wien. Foto: Guillermo Kahlo 1926

Seite 127
Frida Kahlo: Foto © Gisèle Freund/Agency Nina Beskow, Paris 1992

Seite 131
Paul Feyerabend: Foto © Anna Weise, Berlin 1992

Seite 141
Stephen W. Hawking: © dpa/ZB Fotoagentur Zentralbild GmbH, Reinhardtstraße 23, 10117 Berlin

Seite 145
Franz Christoph: Foto © Gesche-M. Cordes, Hamburg 1984

Trotz intensiver Recherche konnten nicht alle Bildrechte direkt ermittelt werden. Verlag und Autor bitten gegebenenfalls um Mitteilung.